语言生活皮书

闽台语言生活状况报告
（2024）

福建省语言文字工作委员会　组编

商务印书馆
创于1897　The Commercial Press

审　　　稿　郭　熙　周庆生　戴红亮　余桂林
终　　　审　周庆生

编　委　会
主　编　编　苏新春
副　主　编　杜晶晶　王进安
委　　　员　（按音序排列）
　　　　　　陈　鸿　杜晶晶　洪桂治　雷晓雪　龙东华　苏新春
　　　　　　孙园园　通拉嘎　王进安　王勇卫　肖模艳　赵怿怡

作　　　者　（按音序排列）
　　　　　　陈　鸿　陈燕玲　陈怡颖　崔丽丽　杜晶晶　洪桂治
　　　　　　侯一秀　黄曼婷　黄佩盈　李春晓　林松华　林天送
　　　　　　林　筠　凌韩烨　龙东华　卢毅琨　陆　露　罗轶夫
　　　　　　潘欣欣　彭心怡　曲志强　沈　玲　苏新春　通拉嘎
　　　　　　王进安　王　娟　王亚轩　吴姗姗　吴湘霖　肖模艳
　　　　　　银　晴　尹　佳　张期达　赵威维　赵怿怡　周长楫
　　　　　　周东杰　朱媞媞　竺家宁　邹雨桃

策　　　划　福建省语言文字工作委员会
执　　　行　厦门大学国家语言资源监测与研究教育教材中心
　　　　　　厦门大学嘉庚学院两岸语言应用与叙事文化研究中心
　　　　　　泉州师范学院丝路语言文化研究中心
　　　　　　福建师范大学闽台方言与文化传承发展研究中心

目　　录

目　录

第一部分

工 作 篇

福建省语言文字工作概况

一　贯彻国家中长期语言文字工作精神

福建省教育厅、福建省语言文字工作委员会（以下简称省语委）于 2013 年 10 月 10 日印发《福建省贯彻〈国家中长期语言文字事业改革和发展规划纲要（2012—2020 年）〉的实施意见》，其中包含主要目标、重点行动、督查和服务三大内容。主要目标是到 2020 年基本形成与福建的社会、经济发展进程相适应，与文化强省和教育现代化建设相匹配的语言文字事业发展新格局。重点行动包括推广和普及国家通用语言文字、提升国民语言文字应用能力、推行中华诵·经典诵读、保护语言资源、推动闽台语言文化交流、开展语言科学研究。督查和服务，一方面要加大对社会主体语言文字使用情况的监督检查力度，另一方面要为民众提供语言文字的政策法规、规范标准、热点问题等咨询服务。

（一）主要目标

国家通用语言文字基本普及；全民语言文字能力有较大提升；语言文化传承成果丰硕；语言服务体系基本建成；社会语言生活健康和谐。

（二）重点行动

1. 国家通用语言文字推广和普及

推进普通话水平达标。从计算机辅助普通话测试以来，截至 2024 年全省培训测试 2 066 634 人。各普通话水平测试站（中心）积极为在闽工作和学习的港澳台人士和学生提供普通话水平培训和测试服务。

推进城市语言文字工作评估。泉州市、南平市、莆田市、宁德市和平潭综合实验区在 2015 年已成为国家二类语言文字规范化城市，到 2020 年全省各县（市、区）全部成为国家三类语言文字规范化城市。

加强农村和行业系统的语言文字工作。鼓励、支持农村学校创建语言文字规范化示范校，开展农村教师普通话和规范汉字书写培训。创建行业语言文字规范化示范单位，开展国家级风景区和纪念馆、博物馆等单位语言文字规范化达标评估。

2. 国民语言文字应用能力提升

提高学生的语言文字应用能力。学生的语言文字应用能力培养纳入中小学素质教育督导评估内容，加强听、说、读、写等方面的教学。引导中等职业学校和高等学校开设语言文字相关课程或选修课。开展教师"三笔（钢笔、粉笔、毛笔）字"培训，举办全省学生规范汉字书写大赛，创建国家级、省级语言文字规范化示范校和规范汉字书写特色校。

构建全民学习语言文字的终身教育体系。建设各类学校、社会组织、街道社区，为公民提供语言文字学习平台。

3. 传承优秀语言文化

开设优秀语言文化相关课程。语文、历史、德育类课程教学融入中华经典诗文的内容。中小学开设反映中华文化精髓、体现福建特色、符合社会主义核心价值体系的校本课程或选修课程。

开展多样化的校园文化活动。举办中华诵·经典诵读大赛，为广大师生提供展示才艺的舞台。

建立评价和激励机制。在全省设立300所中华经典诵读基地学校，宣传、推广各地学校的做法和经验。

开展经典诵读教师培训。分期举办中小学经典诵读教师培训班，2020年共培训教师1500名。

4. 闽台语言文化交流

搭建闽台学生语言文化交流平台。举办海峡两岸大学生辩论赛、海峡两岸中学生演讲大赛、福建省高校港澳台学生普通话大赛，举办闽台中小学生书画展览、闽台青少年语言文字夏令营等活动。

推动闽台高校语言文化学术交流。福建省高校利用有特色、高水准的学科平台与台湾高校联合开展闽方言、闽南文化、客家文化、妈祖文化、民俗文化等研究，举办两岸语言文化学术研讨会、两岸文化发展论坛等。

培养闽台语言文化交流人才。依托福建省高校的"海峡两岸文化发展协调创新中心""闽南文化与两岸交流研究人才培养项目"等平台，培养闽台文化保护、交流与传播等相关领域从事教学、科研、社会综合性工作的人才。

5. 语言资源保护与科学研究

建设福建语言资源有声数据库。组建高校专家调查团队，在地方语委的配合下开展福建语言资源调查。2013 年开展建设试点，用五年时间建成福建语言资源有声数据库。

为社会提供语言服务。利用在福建境内的语言调查、研究成果，绘制多媒体方言地图，出版有声语言资料等，为民众和学术界学习、研究福建方言，以及两岸开展语言研究和文化交流提供有声语料资源。

开展语言文字科学研究。积极组织高校申报国家语委科研项目，设立省语委科研项目，通过政策投入、立项支持、经费资助等方式，支持高校和地方开展语言文字科研工作。

（三）语言文字社会应用督查和服务

1. 监督社会相关领域的语言文字使用

政府各有关部门依法对机关、学校、新闻出版、广播影视、信息技术产品、公共服务行业和公共场所语言文字使用情况进行监督检查，对公共场所的标识、广告牌、店名、商标中不规范汉字和外文译写错误进行清理和纠正。

2. 监测引导社会语言生活

建立福建省语言文字专家库，充分依靠福建省高校专家、学者的力量，逐步建立福建省社会语言生活引导和监测平台。

3. 提供语言咨询服务

吸收各方面人才，扩大壮实语言服务志愿者队伍，为民众提供语言文字的政策法规、规范标准、热点问题等咨询服务。办好"福建语言文字网"。建立和完善"普通话水平测试成绩查询系统""普通话水平测试网上报名系统"。

二　科研立项概况

（一）"一带一路"语言文字研究专项

2016 年 5 月，省语委根据国家语委科研规划领导小组办公室下发的《关于开展 2016 年度国家语委科研项目申报工作的通知》，鼓励各本科高校组织动员从事语言文字教学、研究的专家学者积极申报。同年 9 月，开展了"一带一路"倡议下福建语言文字政策研究申报工作，立项研究时间 2 年，专项工作经费补助 15 万元，福建省 16 所本科高校的 22 位教师申报了课题，经专家评审，来自福建师范大学 1 位教师的项目最终获得立项。

（二）2017 年度科研项目立项工作

2017 年 3 月，为做好年度省语委科研立项工作，于福州召开 2017 年度科研项目选题会。同年 4 月，在泉州市召开 2017 年度科研项目遴选会，形成 2017 年度省语委科研项目指南。

三　近期年度语言文字工作要点

（一）2016 年

1. 主要活动

组织第 19 届全国推广普通话宣传周活动。依法开展普通话水平培训和测试工作。指导全省 19 个普通话培训测试站（中心）做好"四个重点领域"人员的普通话培训测试工作。举办一期全省普通话培训测试工作研讨会。开展创建第五批省级语言文字规范化示范校活动。

2. 开展城市语言文字评估工作

平潭综合实验区启动二类城市语言文字评估工作。宁德霞浦、泉州德化通过三类城市评估。同时，省语委指导各地开展三类城市评估工作，争取实现 2016 年全省有 8—10 个县（市）通过评估，到 2016 年年底全省约有 50% 的县（市）成为国家三类语言文字规范化城市的目标。

3. 扎实推进中华经典诵写讲活动

2016 年 4 月 9—10 日在厦门举办第四届"中国汉字听写大会"福建省选拔赛。为纪念中国共产党成立 95 周年和红军长征胜利 80 周年，举办中华诵·红色经典诵读活动。举办第七届福建省学生规范汉字书写大赛。继续编印《福建省规范汉字书写大赛获奖作品集》，推动各地中小学加强写字和书法教育。

4. 推进福建语言资源有声数据库建设

组织专家对 2015 年在 10 个县（市）调查点采集的资料进行预验收，并于

2016 年 6 月底前提交 10 个语言保护点的结题报告书。部署 2016 年福建语言资源有声数据库建设工作。有关设区市、县语委广泛宣传发动，征招发音人供高校调查团队挑选，并提供录音录像场所，支持高校调查团队开展工作。加强对有声数据库建设工作的管理。进一步完善福建省有声数据库建设任务的申报、课题和经费的下达、中期检查、组织验收、资料上报和结题等工作程序。举办一期培训班，聘请专家讲授如何解决方言调查和数据采集中遇到的有关问题。

5. 开展语言文字科研工作

鼓励高校开展语言文字科研工作，动员本省高校申报国家语委 2016 年度科研课题。各设区市教育局、语委，动员、引导具备科研条件的教研机构、中小学开展实用性语言文字科学研究。开展中小学经典诵读课题研究、普通话水平测试研究、提高学生汉字书写能力研究等。

6. 开展语言文字工作督导试点

为贯彻落实国务院教育督导委员会办公室于 2015 年 8 月 13 日印发的《语言文字工作督导评估暂行办法》，省语委与福建省人民政府教育督导办公室联合制定下发《福建省语言文字工作督导评估暂行办法》，成立由督学和语言文字专家组成的督导组，于 2016 年下半年在厦门市开展语言文字工作督导试点。

（二）2017 年

1. 主要活动

组织开展第 20 届全国推广普通话宣传周活动。实施国家通用语言文字普及攻坚工程。2017 年全省创建 10 个"普通话基本普及县"。依法开展普通话水平培训和测试工作。指导全省 19 个普通话培训测试中心（站）做好普通话培训测试工作，提高"四个重点领域"人员说好普通话的水平。举办一期普通话水平测试员资格考核培训班和一期普通话水平测试员培训班。举办一期全省农村教师普通话水平培训班。继续开展第五批省级语言文字规范化示范校创建活动。确定第五批省级语言文字规范化示范校。

2. 开展城市语言文字评估工作

组织评估平潭综合实验区开展二类城市语言文字评估验收工作。漳州、南平、莆田市语委启动对所辖县（市）的语言文字工作评估。省语委对各地开展三类城市评估工作进行指导，争取实现 2017 年年底全省约有 60% 的县（市）成为国家三类语言文字规范化城市的预定目标。

3. 弘扬传播中华优秀语言文化

实施中华经典诵读工程，扎实推进中华经典诵写讲活动。举办 2017 年福建省"中华诵·经典诵读大赛"，10 月在泉州师范学院组织省级决赛。举办第八届福建省学生规范汉字书写大赛、福建省中小学书法教育优秀论文和写字（书法）课优秀教案评审活动，举办一期全省书法教师培训班。联合陕西等省市，启动"一带一路"沿线省市规范汉字书写教育论坛、"汉字听写大赛"友谊赛、语言文字夏令营和文化研学等系列活动。

4. 推进福建"语言资源保护工程"建设

部署 2017 年福建"语言资源保护工程"建设工作。加强对福建省"语言资源保护工程"建设工作的管理。举办培训班，聘请专家讲授方言调查和数据采集的相关经验。

5. 开展语言文字科研工作

高校和地方语委开展语言文字科研工作。省语委首次开展全省性语言文字科研课题的申报、评审、下达工作，组织福建省广大语言文字工作者围绕福建省语言生活中的理论和现实问题开展科学研究。各设区市教育局、语委，动员、引导具备科研条件的教研机构、中小学开展实用性语言文字科学研究，开展中小学经典诵读课题研究、普通话水平测试研究、提高学生汉字书写能力研究等。

6. 开展语言文字工作督导试点

继续贯彻执行国务院教育督导办下发的《语言文字工作督导评估暂行办法》。2017 年在厦门同安区、三明尤溪县、宁德寿宁县开展语言文字工作督导试点，于年底通过省级或国家级验收。自 2018 年起，全省各县（市、区）将全面开展五年一轮的语言文字督导评估工作。

（三）2018 年

1. 推进语言文字普及与评估

实施国家通用语言文字普及攻坚工程，开展县域语言文字情况监测调查。开展语言文字督导评估和学校语言文字达标评估工作。

2. 助力推普脱贫攻坚计划

组织第 21 届全国推广普通话宣传周活动。学习《教育部 国务院扶贫办 国家语委关于印发〈推普脱贫攻坚行动计划（2018—2020 年）〉的通知》，开展全省推普脱贫数据摸底工作，建立贫困地区贫困人口普通话普及情况跟踪立卡机制。

3. 弘扬传播中华优秀语言文化

开展"宣传十九大,共筑中国梦"诵读活动,组织广大师生诵读经典诗文,体悟中华优秀语言文化。开展中华经典诵写讲骨干教师培训。

4. 推进中国语言资源保护工程

实施中国语言资源保护工程(以下简称语保工程),在 20 个县(市、区)开展方言和口头文化调查采集工作。召开相关工作会议,明确语言资源保护主体,落实 2018 年中国语言资源保护工程(福建方言)暨福建语言资源有声数据库建设工作任务。

(四)2019 年

1. 工作要点与目标任务

加强国家通用语言文字推广普及和语言资源科学保护是 2019 年语言文字工作要点,旨在增强国家通用语言文字认同感,培育中华民族共同体意识,加大语言资源科学保护力度。

2. 工作措施

开展第 22 届全国推广普通话宣传周活动。依托"全国普通话普及情况调查平台"开展县域普通话普及情况调查。提高教育主体语言文字教育能力。加强学校语言文字工作,全省 80% 的学校完成语言文字工作达标建设。实施中小学"书香墨香校园"建设,推进中华优秀传统文化的历史传承和创新发展。开展中华经典诵写讲活动。促进语言资源收集与保护。召开《中国语言资源集·福建》编纂会议,确定编写计划,明确分工方案,正式启动《中国语言资源集·福建》编纂工作。

(五)2021 年

1. 建立健全的福建省语言文字工作报告制度

2021 年 11 月 11 日,印发《福建省语言文字工作报告制度(试行)》,要求福建省各设区市教育局、语委,平潭综合实验区社会事业局、语委落实并规范语言文字工作报告制度。报告内容主要分为重大事项报告和年度报告。

2. 加强语言文字能力建设

邀请教育部语言文字信息管理司田立新司长来闽辅导宣讲。制定调整充实省语委委员成员单位与委员人选方案。新增 3 个国家语言文字推广基地,累计创建 5

个国家语言文字推广基地。举办普通话水平省级测试员考核培训班，培训考核105名省测员，通过率达81.9%。

3. 发挥学校推广普通话阵地作用

将语言文字工作纳入市县教育行政部门和学校教育督导评估指标体系，推动各级各类学校将教师课堂语言使用情况、课堂板书、备课、作业批改书写规范情况纳入教师教学基本功常规考核。落实新聘教师普通话水平等级达标要求。开展教师经典诵读专项培训。推进全省中小学"书香校园""墨香校园"达标建设。推进中小学语言文字规范化示范校建设，达标学校8297所，占全部学校总数的51.6%。

4. 举办特色语言文字活动

福州市每年举办一届"乌石书艺"福州市师生书法作品展，已连续成功举办5届。厦门市完成《闽南方言与文化》系列读本征订，举办青少年"讲古"电视大赛、南音比赛与展示。宁德市建立全市统一阅读平台。三明市成立"朵妈语言名师工作室"，集中组织大批语言名师对全市2000余名教师进行专项培训。泉州市举办"蔡襄杯"闽台中小学生书法大赛。

5. 加强国家通用语言文字推广

举办第24届全国推广普通话宣传周活动。全省超过30家省市县广播电视台每天播放"推普"公益广告不少于2次。举办第三届福建省"诵读中国"经典诵读大赛、"笔墨中国"汉字书写大赛，福建省获国赛优秀组织奖。承办国家语委与央视联合主办的第七季"中国诗词大会"地方选手选拔赛，6人（组）入选"百人团"，入选数量在全国名列前茅。实施"经典润乡土"计划，组织3所省内主要师范院校利用本校语言文化资源，推动优秀语言文化嵌入乡村教育体系。广泛开展"推普助力乡村振兴"大学生志愿服务，全省13所高校29支团队入选教育部、团中央"2021年全国大学生社会实践志愿服务活动"团队。

6. 推进语保工程

推进语保工程建设项目，完成闽汉语方言县域调查任务。组织全省语言专家对全省79个调查点数据进行分类整理与深入研究，完成《中国语言资源集·福建》卷。启动语保工程二期建设项目，新增立项4个"濒危福建汉语方言"调查点、36个"一般汉语方言"调查点建设项目。

7. 推进多家单位研究语言文字课题

组织召开全省语言文字专家座谈会，深入研讨全省语言文字事业发展规划。

组织实施第一批国家语言文字推广基地项目建设，开展国家语言资源监测与研究教育教材中心（厦门大学）、丝路语言文化研究中心（泉州师范学院）课题研究，"海峡两岸统一进程中的语言政策研究"项目列为教育部 2020 年度人文社科重大攻关课题。

8. 增进两岸汉字文化认同

在两岸语言与工作中，泉州市举办"蔡襄杯"闽台中小学生书法大赛，吸引了海峡两岸众多选手参赛，增进了两岸文化认同感。同时，联合台湾优秀语言人才，合编两岸高中语文教材。

（六）2022 年

1. 深入推进语保工程二期建设

完成 4 个"濒危福建汉语方言"调查点、36 个"一般汉语方言"调查点建设任务，开展福建方言普查，研究制定下一步福建方言保护行动方案。

2. 高质量推广普及国家通用语言文字

组织全省开展第 25 届全国推广普通话宣传周活动。研究制定并贯彻落实《普通话水平测试管理规定》实施办法。新增建设一批普通话水平等级测试站点。推进"童语同音"行动计划，开展"童语同音"乡村幼儿园教师普通话专项培训。推进"国家通用语言文字普及提升工程和推普助力乡村振兴计划实施方案"。

3. 大力弘扬中华优秀语言文化

举办全省第四届中华经典诵写讲大赛，组织参加全国第四届中华经典诵写讲大赛，申办"中国诗词大会"第八季福建省选拔赛。实施"经典润乡土"行动计划。

（七）2023 年

1. 持续推进语保工程二期建设

计划推进语保工程二期建设项目中的 35 个调查点建设。验收 2022 年福建省语保工程口头文化语料转写成果。开展《中国语言资源集·福建》审稿工作。研讨省级语保平台建设方案。积极开展语言资源保护工作，贯彻落实福建方言保护行动方案。

2. 多方位"推广普通话"

开展第 26 届"推广普通话，奋进新征程"全国推广普通话宣传周活动。完成 6 个普通话水平测试站评估验收工作。举办普通话水平测试规程与测试系统操作技能培训。选派 4 位人员参与第 69 期国家级普通话水平测试员培训考核班。积极推进落实普通话水平测试新政策。

3. 积极开展中华传统语言文化进校园活动

举办全省第五届中华经典诵写讲大赛。举办"诵读中国"经典诵读大赛、"笔墨中国"汉字书写大赛。配合组织"2024 中国诗词大会"福建省选手选拔活动。营造学习传统文化的社会氛围,提升青少年的国家通用语言文字应用能力。

（福建师范大学　卢毅琨、黄佩盈）

语言文字规范

一 规范汉字书写大赛助力汉字应用与规范

（一）第七届福建省学生规范汉字书写大赛

由福建省教育厅主办，分为选拔赛和全省决赛两个阶段。选拔赛由各级单位、院校分别组织参赛学生现场书写，选拔优秀作品参加全省决赛。大赛设置小学一组（1—3 年级学生）、小学二组（4—6 年级学生）、中学组（包括初中、高中和中职学生）、高校组（全日制本、专科及硕士、博士生，含港澳台侨学生）4 个组别。

经选拔，各地（学校）共选送 3568 件作品参加全省评审。经组织专家认真评审，共评出特等奖 98 名、一等奖 196 名、二等奖 295 名、三等奖 401 名，指导学生获得特等奖、一等奖的 219 名教师获得"优秀指导教师奖"。根据各设区市、学校组织学生参赛和作品获奖等情况，评选出"优秀组织奖"10 个。

（二）第八届福建省学生规范汉字书写大赛

由省教育厅、省语委主办，福建省教育学会书法教育委员会承办，福州市钱塘小学协办。大赛为现场赛，设置小学组（3—6 年级学生）、中学组（包括初中和高中学生）2 个组别，分软笔、硬笔 2 个类别。

经评审，共评出特等奖 61 名、一等奖 116 名、二等奖 196 名、三等奖 255 名，指导学生获得特等奖、一等奖的 151 名教师获得"优秀指导教师奖"。

（三）第一届福建省小学生规范汉字听写大赛

由省教育厅、省语委主办，集美大学语委协办。参加对象为全日制小学在校五、六年级学生。经选拔，共 12 支代表队参加省级决赛，此外，福州市教育局推荐 1 支港澳台学生代表队参加。2017 年 7 月初，在福州市组织省级决赛。比赛内容包括"书写规范、汉字听写、成语听写、古诗文联句"4个部分。福建教育电视台（数字电视 49 频道）播出《魅力汉字》，呈现比赛相关内容。

二 建设语言文字规范化示范校与语言文字推广基地

（一）开展第五批省级语言文字规范化示范校申报认定工作

根据《福建省贯彻〈国家中长期语言文字事业改革和发展规划纲要（2012—2020 年）〉的实施意见》中提出的福建省到 2020 年创建示范校的目标任务，开展创建示范校工作。此前已确认、公布 4 批共 455 所省级示范校名单，第五批共申报 112 所候选学校。2017 年 4 月，全省共组织 10 个评估组（各设区市、平潭综合实验区各 1 个）采取交叉评估的方式，对各地申报的候选学校进行抽查评估，最终确认其中 111 所学校达到了省级语言文字规范化示范校的标准，授予"福建省语言文字规范化示范校"称号。

（二）组织申报国家和省级语言文字推广基地

根据《教育部语言文字应用管理司关于组织申报国家语言文字推广基地的通知》（教语用司函〔2019〕19 号）要求，组织开展国家和省级语言文字推广基地（以下简称基地）的申报、评审和认定工作。基地由各设区市（含平潭综合实验区，下同）级教育或语言文字工作部门组织申报和推荐，每个设区市推荐不超过 2 个。省级评审认定包括专家评审、实地考察、综合评议以及公示 4 个环节。

三 实施《中华人民共和国国家通用语言文字法》

（一）推广宣传

2016 年，为庆祝《中华人民共和国国家通用语言文字法》实施 15 周年，在第 19 届全国推普周活动期间开展较大规模的《中华人民共和国国家通用语言文字法》和《福建省实施〈中华人民共和国国家通用语言文字法〉办法》的宣传活动。此外，在宁德市、三明市、南平市同时开展《中华人民共和国国家通用语言文字法》宣传活动。

（二）建言献策

2018 年 9 月 20 日，厦门、漳州、泉州、龙岩市教育局，厦门大学、华侨大学、闽南师范大学、泉州师范学院、厦门大学嘉庚学院语委等单位在厦门市教育局召开方言政策问题调研会，就两部法案中涉及的方言政策建言献策。2018 年 10 月 16 日前，各设区市、平潭综合实验区教育局，省语委成员单位，厦门大学、华侨大学、福州大学、福建师范大学、闽南师范大学、泉州师范学院、厦门大学嘉庚学院语委等单位提交了关于《国家通用语言文字法（修订草案）（征求意见稿）》《〈国家通用语言文字法〉实施办法（草案）（征求意见稿）》的修改意见。

四　语言文字管理人员培训

（一）2016 年度

福州、厦门、三明市教育局各选派一位语言文字工作管理干部，参加教育部语言文字应用管理司（以下简称语用司）定于 2016 年举办的地方语委干部语言文字工作能力提升培训班。

厦门、漳州、三明市各选派 1 名省级语言文字示范性幼儿园园长，参加教育部语用司定于 2016 年 5 月举办的语言文字工作幼儿园骨干园长培训班。

福州、泉州、宁德市各选派 1 名省级语言文字规范化示范校校长，参加教育部语用司定于 2016 年 6 月举办的语言文字工作中小学骨干校长培训班。

华侨大学、福州大学、集美大学语委各选派 1 人，参加教育部语用司定于 2016 年举办的高校语委干部语言文字工作能力提升培训班。

厦门市督导办、厦门市语委办、泉州市语委办负责同志各 1 人参加国家语委语言文字应用培训基地定于 2016 年 8 月举办的两期语言文字督查工作培训班。

（二）2017 年度

三明市、宁德市、厦门市教育局，闽南师范大学，厦门大学嘉庚学院各选派 1 人，参加国家语委语言文字应用培训基地定于 2017 年 4 月举办的两期全国语言文字督导培训班。

福建师范大学、泉州师范学院语委各选派 1 人，参加国家语委普通话与文字应用培训测试中心定于 2017 年举办的《汉字应用水平等级及测试大纲》培训。

莆田、南平市教育局和厦门大学、厦门大学嘉庚学院、福建师范大学协和学院语委各选派 1 人，参加教育部语用司定于 2017 年举办的地方语委干部语言文字工作能力提升培训班、高校语委干部语言文字工作能力提升培训班。

泉州、龙岩市和平潭综合实验区各选派 1 名幼儿园园长，参加教育部语用司定于 2017 年 6 月举办的语言文字工作幼儿园骨干园长培训班。

福州、莆田、三明市按要求各选派 1 名校长，参加教育部语用司定于 2017 年 6 月举办的语言文字工作中小学骨干校长培训班。

（三）2018 年度

福州市、泉州市、三明市、南平市、漳州市、宁德市教育局各选派 1 人，参加国家语言文字推广基地暨京津冀书法教育基地于 2018 年 3 月举办的 3 期全国语言文字工作督导评估培训班。

福州市、泉州市、平潭综合实验区教育局和闽南师范大学、集美大学、泉州师范学院语委各选派 1 人，参加教育部语用司于 2018 年举办的地方语委干部语言文字工作能力提升培训班、高校语委干部语言文字工作能力提升培训班。

（四）2019 年度

漳州市、莆田市、福州市、平潭综合实验区各选派 1 人，参加教育部语用司和教育督导局于 2019 年 3 月在贵州师范大学联合举办的两期全国语言文字工作培训班。

五　学习交流语言文字工作经验

（一）召开语言文字工作会议

2017 年 6 月 14 日，召开语言文字督导试点工作会议，厦门、三明、宁德市教育局，同安区、三元区、尤溪县、寿宁县教育局相关负责人参加会议。会议主题为讨论福建省语言文字督导试点工作方案。

6 月 15 日，召开全省语委办主任工作会议，各设区市教育局、平潭综合实验区教育局相关负责人参加会议。会议主题为讨论福建省普通话基本普及县域验收工作方案。

（二）开展与配合语言文字调研工作

2017 年 2 月 19—23 日，教育部语言文字应用管理司相关领导及负责人为推动《福建省实施〈中华人民共和国国家通用语言文字法〉办法》的研制工作来闽开展语言文字工作调研。

4 月 5—8 日，福建省语委为进一步做好试点工作，学习河北省开展督导试点工作的经验，组织调研组赴河北开展语言文字督导工作调研，厦门市、三明市、宁德市教育局各选派 2—3 位市、县语言文字工作和督导工作干部参加。

2018 年 3 月 22 日，广州市及其越秀区、天河区语委办相关负责人前往福建三明市尤溪县，学习借鉴该县在接受国家语言文字专项督导工作方面的经验。

（福建师范大学　卢毅琨、王进安）

普通话推广

一 调查普通话普及情况，实施推普攻坚计划

（一）开展全省县域普通话普及情况调查

2017年6月15日，在福州市召开各地语委办主任工作会议，主要讨论福建省普通话基本普及县域验收工作方案。

2018年7月11日—10月31日，开展县域普通话普及情况调查。各设区市选取一个有代表性的区进行调查，布置了有关调查任务和采集工作。2018年7月13—14日，在福建省泉州市召开了调查人员工作会议。

2019年5月15日—10月31日，省教育厅开展了2019年普通话普及情况调查工作，依托"全国普通话普及情况调查平台"，并依照《2019年全国普通话普及情况调查使用手册》，确定调查地点和抽样比例，规范使用调查软件，有效开展工作。

6月25日，要求各设区市、平潭综合实验区语委办按照福建省推普脱贫攻坚时间表的要求开展工作，定期通报各地的工作进展和信息，完成推普脱贫的相关统计数据。

（二）实施推普脱贫攻坚行动计划

2018年7月10日，转发《教育部 国务院扶贫办 国家语委关于印发〈推普脱贫攻坚行动计划（2018—2020年）〉的通知》给各设区市、平潭综合实验区教育局、扶贫办、语委。各单位结合实施普通话普及提升工程，贯彻执行，并重点做好增强青壮年农民和来闽务工人员普通话应用能力，建立贫困地区贫困人口普通话普及情况跟踪立卡机制等工作。

9月8日，组织各地对有关县（市、区）的推普脱贫数据进行摸底，并上交

福建省推普脱贫数据表。

（三）对普通话异读词审音表提出修订意见

2016年1月29日，福建有关语言文字专家就教育部语言文字信息管理司《关于对〈普通话异读词审音表〉（征求意见稿）征求意见的函》，提出了修订意见。

2018年8月21日，在国家语委普通话与文字应用培训测试中心的安排下，泉州市召开《福建人学习普通话》编写会议，讨论、布置编写方案及分工安排。

二 开展第19届至第26届全国推广普通话宣传周活动

为加大普通话推广力度，自1998年开始，经国务院批准，每年9月第三周确定为全国推广普通话宣传周。1998年至2023年，福建省已开展26届全国推广普通话宣传周活动，以下对2016年至2023年开展的8届全国推广普通话宣传周活动做简要概述。

凝聚推普力量，明确推普主体。第19届至第26届全国推广普通话宣传周活动由福建省教育厅联合福建省语委等九部门开展，推普主体涉及各设区市教育局、语委、党委宣传部、人力资源和社会保障局、文广新局、公务员局、团委，各军分区（警备区）政治部，平潭综合实验区教育局、语委、青工委，省语委成员单位，各高等院校。

调动宣传能力，提高推普效能。利用《福建日报》、省电视台、省电台、省教育电视台等省、市级新闻媒体对全省各地开展的各届推普周宣传活动的情况进行宣传报道。省语委印发由全国推普周领导小组办公室制作的推普周宣传画，各地、各高校通过张贴推普周宣传画和宣传条幅、播放推普宣传公益广告、开展街头宣传等方式，开展形式多样的宣传活动。第26届全国推广普通话宣传周活动还侧重推动省级主流媒体积极宣传国家通用语言文字推广普及先进集体和先进个人典型事迹，突出基层代表和一线经验。

组织推普活动，营造推普氛围。在各届全国推广普通话宣传周期间积极组织系列活动，延长活动时间，延续推普氛围。第20届全国推广普通话宣传周开展了一系列活动：纪念中国人民解放军建军90周年喜迎十九大诵读大赛、第八届福建省学生规范汉字书写大赛、全省首届小学生规范汉字听写大赛、全省农村教师普通话培训班、第14期省级普通话水平测试员资格考核培训班等。系列活动时间为：2017年5—12月。此后，各届宣传周活动期间相继开展多种多样的系列活动，系列活动时间一般延续3—4个月。

三　推进普通话水平测试站点标准化建设，加强测试规范化管理

2016—2023年3月，设立了8所普通话测试站点，并根据站点具体情况，提出改进要求，提升站点测试服务能力。

2016年9月27—28日，福州市举办计算机辅助普通话水平测试研讨会，相关技术人员向各测试中心（站）负责人员介绍"机测"工作经验和使用情况。

2018年3月12日，福建交通船政职业学院成立"福建船政交通职业学院普通话培训测试站"，负责组织开展本校师生、行政人员的普通话水平测试。

2019年4月10日，福建省广播电视局成立"福建省广播电视局普通话培训测试站"，负责组织开展福建省广电系统的普通话水平测试。

2022年3月25日，福建技术师范学院等11所高校申请设立普通话水平测试站，负责组织开展本校师生、行政人员的普通话水平测试。

4月21日，通报了2019—2021年普通话水平测试一级复审情况。各普通话水平测试站针对自己的缺点和不足逐一落实整改，并进一步加强所属测试站点的测试工作规范化管理，加强相关测试员队伍能力的培养和管理。

2022年1月1日—9月20日，各普通话测试站测试总量相当于2021年人数的54.1%。根据以上情况，省语委敦促全省各测试站点切实加强站点建设与管理，积极开展测试工作，增加测试数量投放，满足社会对普通话水平测试的急迫需求。

2023年1月17日，组织专家对普通话水平测试站的工作进行评估验收，共有6个测试站达到建设标准和要求。

3月16—18日，为贯彻落实《普通话水平测试规程》等相关文件的精神，省教育厅在福州市举办普通话水平测试规程与测试系统操作技能培训。

6月8日，福建技术师范学院普通话水平测试站等3个普通话培训测试站以及1个备用测试点成立。

四 评选表彰先进集体个人，加强人才队伍建设

（一）遴选推荐优秀人员参加国家级普通话相关培训班

2016 年 4 月 20 日，福州等市和福建师范大学等高校各选派 1 名骨干教师参加国家语委普通话与语言文字应用培训测试中心于 6 月在北京举办的第 30 期中央普通话进修班。

9 月 30 日，各设区市教育局、厦门大学等 4 所高校语委推荐 1 或 2 名省级测试员，遴选出 12 名（每期 6 名）报国家语委测试中心审核，参加第 57、58 期国家级普通话水平测试员资格考核培训班。

2017 年 8 月 18 日，南平等市语委办和泉州师范学院等高校各选派 1 名符合条件的普通话培训课程的骨干教师，参加国家语委普通话与语言文字应用培训测试中心于 8—12 月举办的第 31 期中央普通话进修班。

10 月 9 日，三明等市教育局和泉州师范学院等高校各推荐 1 名省级测试员参加第 59 期国家级普通话水平测试员资格考核培训班。

2018 年 4 月 15 日，福州、厦门市教育局和华侨大学等高校各推荐 1 名省级测试员参加第 61 期国家级普通话水平测试员资格考核培训班。

2023 年 10 月 20 日，遴选推荐福建工业学校 4 位人员参加国家语委普通话与文字应用培训测试中心于 10 月 26 日—11 月 5 日在北京举办的第 69 期国家级普通话水平测试员培训考核班。

（二）举办省级普通话相关培训班

2017 年 7 月 23—29 日，南平市语委办和南平市农业学校于南平市举办第 14 期省级普通话水平测试员资格考核培训班。

2022 年 8 月 29 日，组织第 15 期省级普通话水平测试员资格考核培训班，共招收学员 104 人，对考核合格的 94 人授予福建省省级普通话水平测试员证书。

（三）举办全省农村教师普通话培训班

2017 年 5 月 16—19 日，泉州市开展了由省教育厅主办、泉州师范学院承办的 2017 年全省农村教师普通话培训班。培训内容为普通话声韵调辨析、普通话语

音教学、发声技能训练、语言表达及朗读艺术。各设区市共计 200 人参加。

（四）举办全省幼儿园教师普通话水平提升培训班

2022 年 8 月 12—18 日，福建省教育厅主办、泉州师范学院承办"福建省 2022 年'童语同音'全省幼儿园教师普通话水平提升培训班"，各设区市共计 600 人参加。

（五）评选国家通用语言文字推广普及先进集体和先进个人

2022 年 8—11 月，贯彻《教育部 国家语委关于评选表彰国家通用语言文字推广普及先进集体和先进个人的通知》，各地市和高校择优向省语委推荐先进典型代表。省语委综合比较各个推荐对象的每项条件，参考所在单位多年来推广国家通用语言文字所取得的成绩，推选出福建省的先进集体和先进个人人选。

五　贯彻落实普通话水平测试新政策

2023 年 2 月 3 日，福建省语委贯彻落实《国家语委关于印发〈普通话水平测试规程〉的通知》精神，要求各设区市教育局（语委）、平潭综合实验区社会事业局（语委），各普通高等院校，省广电局的各测试站点，对照《普通话水平测试规程》的要求，进一步完善测试流程和功能配套，加快推进老旧站点标准化建设改造。

3 月 12 日，福建省语委向省广播电视局，各设区市语委和有关高校提出以下 4 点要求：加快完成普通话水平测试系统升级改造，加强新规定的学习与宣传，做好新旧规定调整过渡期间的服务保障工作，加强测试过程的监督管理。

（福建师范大学　尹　佳、王进安）

语言资源保护工作

一 开展中国语言资源保护工程（福建方言）

2015 年，福建语言资源有声数据库建设省级验收工作会议于福州市召开，共有 9 位评委以及 10 个调查点的高校调查团队（30 人）参加。会议按照《中国语言资源调查手册（汉语方言）》，对 2015 年福建语言资源有声数据库 10 个调查点的调查资料进行省级验收。

2016—2019 年，福建省教育厅实施中国语言资源保护工程（福建方言），建立福建语言资源有声数据库点，逐步完成工作计划，2016—2018 年共完成 57 个点的调查。

2016 年，福建省共有 21 个县的 22 个调查点（其中仙游县 2 个点）列入了中国语言资源保护工程。2016 年 5 月 25 日下午，于福州市召开 2016 年中国语言资源保护工程（福建方言）工作会议。会议部署了 2016 年中国语言资源保护工程（福建方言）的工作任务，并明确了市、县（区）教育局和高校调查团队的职责分工以及共同学习了《中国语言资源保护工程（汉语方言）》。并在 5 月 26—27 日，召开 2016 年中国语言资源保护工程（福建方言）培训会，会议向厦门大学等 11 所高校的 22 个调查团队，开展中国语言资源保护工程（汉语方言）技术规范解读，介绍福建方言的概况以及培训福建方言用字等。

2016 年 6 月 2 日，福建省教育厅下达 2016 年中国语言资源保护工程（福建方言）建设任务的通知，向各有关市、县（区）教育局提出要协助高校调查团队按时完成方言和口头文化的调查、采集任务，要求各高校调查团队成员认真学习《中国语言资源调查手册（汉语方言）》。

9 月 25—27 日，教育部语言文字信息管理司委托中国语言资源保护研究中心，派专家组中期检查福建省工作。福建省教育厅在福州市召开了 2016 年中国语言资源保护工程（福建方言）中期检查会议。福建省各调查团队项目负责人汇报了工作进展，包括已完成的工作、尚待完成的工作、目前存在的难点以及解决方案等，同时展示了课题研究的阶段性成果。专家组提出中期检查的意见及修改建议，布置了下一阶段的工作要求。

11 月 29 日—12 月 1 日，福州市召开了 2016 年中国语言资源保护工程（福建方言）课题验收工作会议。专家组审核了福建省 22 个调查点的材料，向各调查团队提出检查的意见及修改建议，并对下一阶段的正式验收工作提出要求。

12 月 26—28 日，福州市召开了 2016 年中国语言资源保护工程（福建方言）验收工作会议，由语保中心组织专家组来福建验收。专家组审核了福建 22 个调查点的材料，向各调查团队提出验收工作的意见及修改建议。

2017 年，中国语言资源保护工程（福建方言）工作会议在泉州市召开。会议部署了 2017 年中国语言资源保护工程（福建方言）工作任务，明确了市、县（区）教育局和高校调查团队的职责分工，学习了《中国语言资源保护工程（汉语方言）》。

福建省共有 16 个市、县（区）的 17 个调查点（其中大田县 2 个点）列入了中国语言资源保护工程。同年 6 月 9 日，福建省教育厅下达了 2017 年中国语言资源保护工程（福建方言）建设任务，提出各有关市、县（区）教育局，各有关高校应继续按照往年高标准要求，严格执行语保工程的建设规范和标准。

2017 年中国语言资源保护工程（福建方言）中期检查会议于 9 月 17—19 日在泉州市召开。各调查团队项目负责人汇报了工作进展，并展示了课题研究的阶段性成果；验收专家组提出了中期检查的意见、修改建议以及下一阶段的工作要求。

根据教育部语信司的相关要求，2017 年中国语言资源保护工程（福建方言）课题预验收会议于 11 月 25—27 日在泉州市召开。专家组审核了福建省 17 个调查点的材料，提出了检查意见及修改建议，布置了下一阶段正式验收的工作要求。

2017 年中国语言资源保护工程（福建方言）验收工作会议于 12 月 25—27 日在泉州市召开，国家语保中心组织专家组来福建验收。专家组审核了福建省 17 个点的调查材料，提出了验收工作的意见及修改建议。

2018 年，福建省 18 个市、县（区）的 18 个调查点列入了中国语言资源保护工程，另有 2 个福建语言资源有声数据库建设点。同年 5 月 18 日，在泉州市召开了 2018 年中国语言资源保护工程（福建方言）暨福建语言资源有声数据库建设工作会议。会议部署了 2018 年中国语言资源保护工程（福建方言）暨福建语言资源有声数据库建设任务，明确了市、县（区）教育局和高校调查团队的职责分工，学习了《中国语言资源保护工程（汉语方言）》。

2018 年中国语言资源保护工程（福建方言）暨福建语言资源有声数据库中期检查会议于 8 月 20—22 日在泉州市召开。各调查团队项目负责人汇报了工作进展，展示了课题研究的阶段性成果；专家组提出了中期检查的意见及修改建议，部署了下一阶段的工作要求。

根据教育部语信司的相关要求，泉州市召开了 2018 年中国语言资源保护工程（福建方言）暨福建语言资源有声数据库课题预验收会议。专家组对福建省各调查点的材料进行审核，提出了检查意见及修改建议，部署了下一阶段的正式验收工作要求。

中国语言资源保护工程（福建方言）预验收工作会议在泉州市召开，由省语委组织专家组开展预验收工作。26—27 日，中国语言资源保护研究中心组织的专家组审核了福建省内 20 个调查点的材料，提出了验收工作的意见及修改建议。

"福建语言资源有声数据库"建设的沙县、武夷山 2 个点的全部材料（包括音视频）通过了中国语言资源保护研究中心验收组的验收。

2019 年 4 月 10 日，福建省教育厅下发 2018 年"福建语言资源有声数据库"建设经费的通知，向两个建设点下拨建设经费各 8 万元。

根据《教育部办公厅关于部署中国语言资源保护工程 2019 年度汉语方言调查及中国语言资源集编制工作的通知》，中国语言资源集（福建）编纂会议于 7 月 23 日—24 日在泉州市召开。中国语言资源保护研究中心张世方教授、省首席专家张振兴研究员以及各调查团队负责人参与此次会议。会议商定了《中国语言资源集·福建》编写计划，制定了有关分工方案，明确了该项目的经费预算、管理实施等工作。

二 推进中国语言资源保护工程二期建设科研项目

中国语言资源保护工程 2021 年度濒危汉语方言（福建方言）调查课题验收会议于 2022 年 8 月 16—18 日在泉州市召开，专家组对福建省各濒危汉语方言调查点材料进行审核，提出检查意见及修改建议。

2022 年 10 月 21 日，根据《福建省教育厅关于下达福建省语保工程二期调查项目第一阶段建设任务的通知》的要求，语保工程二期建设任务拟分步推进。

该年实施第一阶段建设任务，计划推进语保工程二期建设项目中的 39 个调查点建设。

2023 年 5 月 31 日，根据《福建省教育厅关于下达福建省语保工程二期调查项目第二阶段建设任务的通知》的要求，该年实施第二阶段建设任务，计划推进语保工程二期建设项目中的 35 个调查点建设。

上述两大项目由 11 所高校组成的调查团队，制定调查计划，安排调查时间和工作。通过开展福建方言普查，研究制定下一步福建方言保护行动方案。

福建省语保工程口头文化语料转写终期验收会于 9 月 23—25 日在泉州市召开，会议由泉州师范学院承办。

三　开展《中国语言资源集·福建》终稿审定工作及研讨省级语保平台建设方案

根据福建省语委办的通知，《中国语言资源集·福建》终稿审定及省级语保平台建设方案研讨论证会，于 2023 年 7 月 17—21 日在泉州市召开。会议讨论了在泉州师范学院成立"福建语言资源保护与研创中心"的可行性和必要性。7 月 18 日下午至 20 日下午，召开了《中国语言资源集·福建》审稿会，资源集的五卷本主编与出版社商讨审定核对资源集的相关事宜。

（福建师范大学　尹　佳、黄佩盈）

中华语言文化传承

一 汉字听写大赛

2015 年 10 月，全省开展第四届"中国汉字听写大会"福建省选拔赛。选拔赛采取自下而上的方式，分为学校初赛、县级选拔赛、市级选拔赛和省级选拔赛。共有 1195 所学校组织了学校初赛，占全省普通中学校数的 67.1%；参赛学生共计304 678 人，占全省普通初中在校生数的 27.1%。2016 年 4 月 9—10 日于省级选拔赛中选出前 8 名选手，经过进一步的培训和测试后，确定 5 名选手代表福建省参加第四届"中国汉字听写大会"。

2017 年，举办第一届福建省小学生规范汉字听写大赛，比赛分为排名赛、团体预赛、团体决赛、个人决赛 4 个环节，题型包括书写规范、汉字听写、成语听写、古诗文联句等内容。该活动旨在使各地教育行政部门和学校充分认识举办汉字听写大赛对提高青少年语言文字应用能力及全面实施素质教育的重要意义。

二 中华经典诵写讲比赛及其教师培训活动

（一）中华经典诵写讲比赛

为了纪念中国共产党成立 95 周年暨红军长征胜利 80 周年，2016 年福建全省学校开展诵读活动。活动分为各设区市选拔赛和全省决赛两个阶段，采用现场比赛方式或视频评审形式进行筛选。经评审，于 2017 年 3 月 29 日评出特等奖 17 名、一等奖 36 名、二等奖 68 名、三等奖 114 名、"优秀指导教师奖" 45 名。该活动旨在将中华经典诵读、书写、讲解活动贯穿于教育教学之中，传承和弘扬中华优秀传统文化，培育和践行社会主义核心价值观。

泉州师范学院于 2018 年 1 月，开展了"宣传十九大、共筑中国梦"诵读活动。

此活动与校园文化建设有机融合，采取各种有效措施，组织广大师生诵读经典诗文，旨在全面贯彻落实党的十九大精神，深入学习贯彻习近平新时代中国特色社会主义思想。

小学生拼音报社于 2019 年 6 月举办福建省小学生汉语拼音（国学经典）知识大赛。参赛对象为全省义务教育阶段小学在校学生，按年级分为低、中、高 3 个学段，比赛内容包括汉语拼音知识和中华经典阅读知识。活动旨在深入贯彻习近平总书记弘扬中华优秀传统文化系列讲话精神，落实教育部《完善中华优秀传统文化教育指导纲要》提出的分学段有序推进中华优秀传统文化教育的要求。

福建省第三届中华经典诵写讲大赛于 2021 年 5—8 月举办。大赛包括"诵读中国"经典诵读赛、"笔墨中国"汉字书写赛。比赛设置一、二、三等奖，获奖组别包括小学生组、中学生组、大学生组、留学生组、教师组、社会人员组，选出福州市教育局（语委）、厦门市教育局（语委）等 12 所优秀组织单位。

福建省第四届中华经典诵写讲大赛于 2022 年 5—8 月举办。大赛包括"诵读中国"经典诵读赛、"笔墨中国"汉字书写赛。分组别评选出一、二、三等奖，"经典诵读大赛"选出省广播电视局、省工业和信息化厅等 19 所优秀组织单位，"汉字书写大赛"选出三明市教育局（语委）、厦门市教育局（语委）等 17 所优秀组织单位。

福建省第五届中华经典诵写讲大赛于 2023 年 4 月举办。大赛主题是"书香新时代，'典亮'新征程"，赛项分为"诵读中国"经典诵读大赛、"笔墨中国"汉字书写大赛、"诗教中国"诗词讲解大赛、"印记中国"学生篆刻大赛。与往年相比，2023 年新增诗词讲解大赛和篆刻大赛两项。大赛旨在提升社会大众特别是广大青少年的语言文字应用能力和语言文化素养，助力建设全民终身学习的学习型社会、学习型大国。

2023 年 7 月 9—12 日龙岩市举办诵读大赛决赛，根据"诵读中国"经典诵读大赛网上初赛结果，推选出 5 个组别，优秀作品入围的有 251 个。

2023 年汉字书写现场赛于 7 月 13 日在泉州师范学院举办。根据福建省第五届中华经典诵写讲大赛"笔墨中国"汉字书写赛结果，线上评选出参加现场决赛的选手 912 位。

（二）中华经典诵写讲骨干教师培训活动

2016 年 7 月，漳州、龙岩市教育局，平潭综合实验区教育局各选派 1 名中小学教师参加西南大学举办的"中华经典诵写讲骨干教师培训班"。2017 年 7 月，厦门、泉州、莆田市教育局各选派一名教师在西南大学参与培训。2018 年 7 月，南平、龙岩、宁德市教育局各选派 1 名教师参加。

2018 年，漳州、泉州、三明市教育局各选派 1 名中小学语言文字规范化示范校校长，参加东北大学秦皇岛分校举办的"全国语言文字工作中小学骨干校长培训班"。

根据"国培计划"项目，福建省每年选派各地区骨干教师参与培训。

江苏师范大学于 2016 年 10 月举办"国培计划"——中小学经典诵读教育骨干教师培训，福州、厦门、泉州、龙岩、宁德市教育局各选派 1 名中小学教师参加培训。2017 年 10 月，龙岩市教育局选派 2 名、宁德市教育局选派 3 名中小学教师参加培训。2018 年 10 月，漳州市、龙岩市、平潭综合实验区和福州一中、福州实验小学各选派 1 名教师参训。

三　教师书法培训与书法教学教育活动

2016 年 6 月，教育部语用司委托东南大学在南京举办"2016 年全国中小学书法教师研修班"，福州、漳州、三明市各选派 1 名中小学书法教师参加此次研修班。次年 10 月，教育部语言文字应用管理司在秦皇岛举办"2017 年全国中小学书法教师研修班"，三明市选派 3 名中小学书法教师参加此次研修班。

10 月，海峡两岸书法教育交流活动暨全省书法教育校长论坛在平潭举办。活动主题为"海峡两岸同文同种，书法教育同源同行"，内容包括专题讲座、观摩教学及展示、校长论坛等。活动就指导学生书法、引领学校书法教育等目的进行互动交流，旨在加强海峡两岸书法教育交流互动，推进省内中小学书法教育工作，提高书法教师教学水平。

2017 年 5 月，福建省中小学书法教师培训班在尤溪举办，福建各地区选派 200 名承担学校书法教学的教师参加。培训内容包括《中小学书法教育指导纲要》解读，书写"双姿"与书写习惯的养成教育，毛笔楷书基本技法，硬笔楷书、行书基本技法，中小学书法课堂教学模式，观摩书法示范课等。

中小学书法教育教学优秀论文征集评选活动于 2017 年 9—11 月在福建展开。参评对象为全省中小学校（含中职学校）的教师、教科研人员、学校工作管理者；参评内容包括开展书法教育教学过程中所涉及的理论与实践总结的论文。作品评选坚持以《中华人民共和国国家通用语言文字法》和《中小学书法教育指导纲要》为指导，评选出对当前书法教育教学改革和发展具有一定的指导意义和参考价值的作品。

四 中华诗词教育与普及

为落实《国家语言文字事业"十三五"发展规划》中关于"研究制定中华诗词新韵规范"的要求，国家语委于2018年起草了《中华通韵》（征求意见稿），福建省语委向省内各地区广泛征求意见，以配合《中华通韵》的研究制定工作。

受教育部语用司委托，中央广播电视总台"中国诗词大会"节目组于2022年10月，在泉州市组织"2023中国诗词大会"福建省选手选拔活动。该活动面向福建省各设区市教育局、语委，平潭综合实验区社会事业局、语委，各高等院校、厅属中等职业学校、中小学。展开方式围绕选手报名、各设区市遴选推荐、央视节目组面试选拔3个环节，最后在2022年10月15日产生晋级央视节目录制的"百人团"选手。

受教育部语用司委托，2023年10月，集美大学组织"2024中国诗词大会"福建省选手选拔活动。该活动由教育部、国家语委、中央广播电视总台指导，省教育厅、省语委主办，集美大学承办。活动延续了2022年的选拔机制，于2023年10月14日产生晋级央视节目录制的"百人团"选手。

（福建师范大学 黄佩盈、王进安）

福建省国家语言文字推广基地

国家语言文字推广基地是教育部立项建设的国家级语言文字推广基地。教育部语用司于 2019 年开始立项建设国家级语言文字推广基地。该基地集中专业和人才优势，发挥工作特色，推广普及国家通用语言文字，传承发展中华优秀语言文化，研究语言文字，进行咨政服务，为国家和区域语言文字事业发展提供人才保障、智力支持和专业服务。

福建省历来重视国家通用语言文字推广，多措并举推动语言文字工作落实。2020 年福建省普通话普及率为 89.32%，高于全国同期平均水平（80.72%）8.6 个百分点。[①] 据了解，福建省在推广普及国家通用语言文字方面一直走在全国前列。教育部立项建设基地以后，福建省积极落实，组织申报、评审。截至 2022 年年底，福建省获批的国家语言文字推广基地一共有 5 家高校：厦门大学、福建师范大学（2019 年第一批入选），闽南师范大学、泉州师范学院、华侨大学（2021 年第二批入选）。[②] 各基地获批以后，努力作为，积极推动福建省语言文字事业发展。

一 基地概况

5 家基地均为高等学校，并由学校校级领导挂帅，担任国家语言文字推广基地主任，充分体现了这些高校对国家语言文字事业的高度重视。各基地实体部门多以文学院或中文系为主体，华侨大学以华文教育研究院为主体，与学校语委以及其他相关部门协同合作，共同推动基地建设，服务海峡西岸经济区域（以下简称海西区域）发展。国家语言文字推广基地有 3 种类型：综合研究类、传承推广类、教育培训类。福建省 5 家基地均为传承推广类。

[①] 参见储白珊《我省在推广普及国家通用语言文字方面居全国前列》，《福建日报》，2023 年 5 月 11 日，http://www.fujian.gov.cn/xwdt/fjyw/202305/t20230511_6167592.htm。

[②] 2023 年，福建省三明学院成为第三批入选基地，鉴于三明学院刚刚入选，基地工作正值开展之初，本文以前 5 家基地工作为主。

从第一批基地建立以来，福建省国家语言文字推广基地在科学研究、传播推广、教育培训等方面都取得了比较好的成绩，厦门大学在基地中期考核中获评"优秀"。推普工作中涌现出了成绩突出的先进集体和先进个人。2023年4月，教育部、国家语委《关于表彰国家通用语言文字推广普及先进集体和先进个人的决定》中，基地校福建师范大学、闽南师范大学均有人获评"国家通用语言文字推广普及先进个人"，基地校泉州师范学院普通话培训测试站获评"国家通用语言文字推广普及先进集体"。

二　工作任务

基地主要任务是推广普及国家通用语言文字、传承发展中华优秀语言文化、语言文字咨政研究等，依托高校专业优势、人才优势和工作特色，贯彻执行国家通用语言文字法，使国家通用语言文字在社会生活中更好地发挥作用，促进各民族、各地区经济文化交流。福建省各基地从自身优势和工作特色出发，在国家通用语言文字推广普及、中华语言文化传承与传播、科学研究方面做出了应有的贡献。

（一）国家通用语言文字推广

国家通用语言文字是中华民族共同体的典型文化符号和身份象征，它记录和传承着灿烂悠久的中华文明，是中华民族共有精神家园的核心要素。推广和普及国家通用语言文字是构筑中华民族共有精神家园的基础工程和基本保障，国家通用语言文字教育可以激发各族人民动能，形成强大的向心力和凝聚力，铸牢中华民族共同体意识。

1. 推广工作特点

分层次。各基地辐射范围层层扩大，从高校所在城市，到高校城市周边社会，再到所在区域偏远乡村地区，乃至跨省跨市的民族地区，逐层拓展，也渐次深入。

分人群。各基地注重推广人群类型，主要包括中小学、幼儿园教师，高校学生（含留学生、港澳台生等）和语言产业从业者，乡村村民，城市市民。不同类型的人群都是基地关注帮扶的重点人群：通过教师培训带动中小学、幼儿园孩子共同成长、进步；提高高校学生和语言从业者国家通用语言文字能力，对他们进行高质量语言文字推广普及，使他们具有一种能力两种意识（语言文字应用能力、自觉规范使用国家通用语言文字的意识、自觉传承弘扬中华优秀语言文化的意识);乡村村民和城市市民语言文字能力对于整个社会的文明程度也起到重要影响作用。尤值一提的是面向民族地区人民语言文字能力提高的扶助工作,更是福建省基地工作重点,开展了多次帮扶培训工作。

分维度。各基地国家通用语言文字推广工作,多维进行。在知识和能力维度上,选拔优秀教师和志愿者从事国家通用语言文字推广工作,注重活动对象知识和能力的获得;在过程与方法维度上,采用开展培训、知识竞赛、文化展演、主题宣讲、学习体验、实地调研、志愿服务等,百花齐放的多样做法吸引了参加者的兴趣,激发了学习热情;在情感态度维度上,重视活动开展循序渐进融入知识体系,充分注意国家通用语言文字对于国家向心力凝聚的意义,重视民族地区、乡村地区人民情感,并认真完成每项工作。

2. 推广工作重点

帮扶民族地区提升教师国家通用语言文字能力。各基地积极响应号召,对口帮扶民族地区,从 2019 年以来,面向广西、青海、宁夏、贵州、甘肃省(自治区)贫困地区中小学以及幼儿园教师开展教师语言文字能力提升培训,疫情期间也持之以恒,采用线上培训方式远程工作。截至 2023 年,福建 5 家基地共培训 902 名民族地区学员,在提升民族地区、农村地区教师国家通用语言文字应用能力和教学水平方面做出了贡献。

表 1 福建省 5 所基地校面向民族地区的普通话培训状况

基地名称	年份	地点	对象	人数
厦门大学	2020	广西河池市都安瑶族自治县	中小学和幼儿园教师	101
	2023	青海玉树藏族自治州称多县	中小学教师	100
福建师范大学	2020	宁夏固原市西吉县	中小学和幼儿园教师	101
闽南师范大学	2021	宁夏中卫市海原县	中小学教师	100
	2022	宁夏固原市原州区	中小学教师	100
泉州师范学院	2021	广西南宁市马山县	中小学教师	100
	2022	青海玉树藏族自治州杂多县	中小学教师	100
华侨大学	2021	贵州安顺市紫云苗族布依族自治县	中小学教师	100
	2023	甘肃陇南市礼县	中小学教师	100
共计	4 年	5 省(自治区)		902

各基地高校秉承高度负责精神，认真组织培训团队，精心设计培训方案，基地工作得到教育部语用司的肯定，被中国教育电视台等媒体宣传。同时，各基地的培训也延续了闽宁跨越山海的情谊，5家基地对接宁夏地区开展3次活动，从文教方面赓续、固化闽宁合作挚情。各基地高校集思广益、勇于创新、锐意进取，开展了丰富多彩的活动，有效地推动了国家通用语言文字推广普及，形成了良好的区域推广效应。

（1）以党建引领开展国家通用语言文字推广普及活动

厦门大学组建了"厦门大学推普扶贫普通话培训工作组"，结合主题党日开展推普活动；闽南师范大学、泉州师范学院开展"红色经典润乡土"活动，组织大学生实践团队前往高校周边乡镇地区，如漳州市长泰区、华安县，泉州市安溪县、南安市等，通过乡村红色经典文化展演、主题宣讲、学习体验、实地调研、志愿服务等活动进行红色经典语言文化主题宣传教育，共同推进新时代语言文字推广普及工作走深走实。

（2）积极开拓思路，多维度开展培训活动和赛事

各基地校在国家通用语言文字推广方面，都坚持长效机制，福建师范大学一年一度的校普通话大赛举办了28届，闽南师范大学推普周活动举办了26届，在高校内部蔚然形成推普风气，影响深远。厦门大学举办汉语言文字应用系列大赛（2021）。福建师范大学举办《中华人民共和国国家通用语言文字法》知识普及系列活动（2020），承办第十五期省级普通话水平测试员资格考核培训班（2021）。泉州师范学院开展"童语同音"全省幼儿园教师普通话水平提升培训（2022）；开展福建省特殊教育学校教师国家通用手语示范培训（2023），加快推广和使用国家通用手语，提高手语规范化、标准化、信息化水平，为聋健交流及共融发展创造条件；举办第四届福建省"笔墨中国"汉字书写大赛（2022）、第五届"笔墨中国"汉字书写大赛（2023），奔赴新疆石河子市、昆玉市、昌吉市等多个城市与自治州，开展普通话支教、民族团结宣传教育等活动。闽南师范大学每年针对师范生与非师范生，以国家时事热点为主题举办各类诵写讲演比赛，积极提升高校学子语言文字能力和水平。华侨大学举办汉字文化大赛暨港澳台学生中华文化知识大赛（2023），以丰富多彩的形式增加境内外学生对中华优秀汉字文化的了解，领略汉字背后所蕴含的深刻内涵，增强境内外学生对中华传统文化的认同感和自豪感，推动中华优秀传统文化的传播和弘扬。

（二）中华语言文化传承与传播

习近平总书记在殷墟遗址考察时指出，中国的汉文字非常了不起，中华民族的形成和发展离不开汉文字的维系。各基地深入学习领会习近平总书记在殷墟遗址考察、在文化传承发展座谈会上的重要讲话精神，扎根中国语言国情，把握时代使命责任，在大力传承传播中华优秀语言文化方面，认真谋划丰富多彩的语言文化活动，悉心落实。

1. 中华语言文化国内传承与传播活动

厦门大学选拔学生参加中央广播电视总台"中国诗词大会"第七季（2021），举办 2022 年厦门大学鼓浪文学大奖赛（2022）。2020 年 11 月，福建师范大学组织承办教育部语用司"2020 年中华经典诵写讲骨干教师培训班"，福建省中小学100 名诵读骨干教师参训，效果良好；参加中国教育电视台端午直播活动，以《培训志愿者的一天》介绍推普扶贫的典型经验（2020）。闽南师范大学举办"闽南诗歌节""跟着诗人喝茶去""龙江小戏节"等语言文化活动，以诗为媒，以茶会友，增进两岸文化认同（2023）；同时，与漳州市书院合作，开展"典耀中华"主题读书会服务"书香城市"建设（2022）。泉州师范学院开展语言文字服务乡村振兴活动暨古厝庭院文化节（2022），开展"百年征程传薪火，红色经典润乡土"2021年语言服务乡村振兴系列活动（2021）、"推普助力乡村振兴 经典润泽海港渔村"活动（2023），在校园内举行参与全国联动线上同诵《我的祖国》。华侨大学举办刺桐吟诵会、班班读经典以及国学助教等活动，增强境内外学生对中华传统文化的认同感和自豪感，推动中华优秀传统文化的传播和弘扬。

2. 中华优秀语言文化国际传播活动

福建省是中国古代海上丝绸之路的重要枢纽，又是著名侨乡，约 1580 万闽籍华侨华人，分布在世界 188 个国家和地区，仅东南亚就有 1000 多万华侨华人。因此，东南亚是福建推进 21 世纪海上丝绸之路核心区建设的重点区域。福建省各基地与东南亚各国经贸往来频繁，文教合作广泛。厦门大学和福建师范大学在国际中文教育传播领域引领学术前沿，加强国际中文教育发展研究，助推中文和中华文化走向世界，让世界了解中国，为促进文明交流互鉴和中外人文交流贡献积极力量；华侨大学汉语国际教育与文化传播并重，举办品牌项目"中华文化大乐园""中华文化大赛""华文星火""泰懂中国·语言实践"等活动；泉州师范学院与菲律宾、马来西亚、泰国等 20 余家国家华教机构和社团联系密切，2020 年疫情以来急华教之所需，先后 5 次承办菲律宾、马来西亚华校师资培训班，培训华校师资千余人，为来自孟加拉国、尼泊尔、泰国100多名外籍船员开展为期4个月的汉语水平培训；闽南师范大学举办菲律宾华文教师线上研习班（2021）、"丝路华教"2023年菲律宾华校校长研修班（2023），以及"国际文化周"等活动。

（三）科研社会影响

厦门大学师生积极投身国家语保工程、国际汉语推广、闽南方言博物馆筹建、闽南语语音识别软件开发等项目；教师同时也积极争取学校院系专项拨款、充分利用教师各类科研经费、大学生创业项目资助，每学年带领学生开展语言调研，并提供学生赴国内外高校研修的机会。这些举措不仅使学生得到了较为系统和严格的学术训练，而且也直接促了许多优秀的学术成果。由于工作成绩显著，社会反响良好，多次得到省市主流报纸、网站及电视台的争相报道。"厚基础宽口径培养人文精英人才"也被列入省级教改示范项目。

厦门大学联合教育部语言文字应用研究所、喀什大学共同建设"南疆国家通用语言基础数据库"，挖掘国家语言资源的战略潜力与研究深度，为在边疆地区推广普及国家通用语言文字工作提供更为科学、精准的资源建设；同时，致力于培养喀什大学相关学科、专业优秀中青年人才，培育科研创新团队，将援疆工作做扎实、做到位。厦门大学朱宇教授申报的国家语言文字推广基地建设项目"初中统编语文教材中阅读素养文本资源的跨地域比较研究"，福建师范大学基地林新年教授申报的"基于中介语语料库的东盟五国本土汉语教师规范化研究及微课程建设"在2020年11月经教育部语言文字应用管理司（国家语委办公室）获准立项。福建师范大学郑文灿主编的《普通话训练与测试指导用书》已刊印近10万册，深受读者喜爱。闽南师范大学自编的普通话推广口袋书《标点符号》《数字用法》《普通话》《劳动教育诗歌》等多次捐赠中小学，获得好评。泉州师范学院编写的《普通话口语教程》《普通话水平测试指要》获评福建省第五届社会科学优秀成果三等奖。

三　成绩与展望

（一）工作成绩

福建5家基地积极参与"推普助力乡村振兴"全国大学生暑期社会实践志愿服务活动，从2021年至2023年，共组建31支大学生暑期实践团队奔赴全国各地，开展活动。见表2。

表2　福建5家基地大学生暑期实践团队数量表（2021—2023）[①]

基地校名称	2021年团队数量	2022年团队数量	2023年团队数量
厦门大学	4	3	7
福建师范大学	0	0	2
华侨大学	3	3	1
闽南师范大学	2	2	2
泉州师范学院	1	1	1
合计	32		

以上大学生暑期实践团队多次收到教育部语用司的感谢信和表扬信，得到肯定，获得嘉奖。2023年，福建省基地中泉州师范学院普通话培训测试站获得"国家通用语言文字推广普及先进集体"称号，福建师范大学和闽南师范大学的老师曾获得"国家通用语言文字推广普及先进个人"称号。

（二）工作展望

未来的工作可从以下4个方面加强，以更好地服务区域发展需求和新时代语言文字工作。

1. 提供高质量语言文字服务

福建省普通话普及率目前高于全国水平，在这种现实情况下，需要提升语言文字服务质量：

在提高语言文字的规范化标准化使用水平上下功夫，加大对青壮年劳动人口的培训力度，重在提高其国家通用语言文字运用能力，使学习者能开口、能交际，能结合自己的工作、就业、岗位进行学习，为全社会使用国家通用语言文字发挥表率作用。

在提升省内国家通用语言文字推广普及工作平衡性上下功夫。尽管国家通用语言文字推普工作取得了显著成效，但仍然存在着发展不平衡、工作基础薄弱、缺乏客观语言环境等问题，在学校、党政机关、新闻媒体、公共服务等领域和行业，其从业人员的国家通用语言文字能力还有待进一步提高；城市和县乡镇村人民普通话普及程度存在不平衡性，应精准对标，针对偏远地区、不发达县乡村提

[①]　参见：中华人民共和国教育部，http://www.moe.gov.cn/jyb_xxgk/s5743/s5744/A18/202107/t20210719_545586.html。

升各类从业人员语言文字能力和水平。

国家通用语言文字推广普及要提质增效，重点解决发展不平衡问题，做好重点地区重点人群的普及工作。

2. 革新语言文字培训教育教学方式

革新培训教育教学方式方法，使教学内容易于接受、乐于学习，是培训中势在必行的变革要求。比如：

线下教学可以采用"语言文字 +"模式，以培训国家通用语言文字内容为主，附加其他类型课程，辅助教学，增加兴趣。比如增加传统文化内容、职业内容、红色经典故事内容等，丰富教学内容，拓展教学形式，吸引群众兴趣。

线上教学可以采用"语言文字 + 融媒体"方式，录制语言文字微课程，灵活运用新媒体、网络教学等简便、高效、现代化手段，将更接地气、更易接受的国家通用语言教学内容通过网络带给当地群众。

编写适合青壮年劳动力学习需求的教材和读本，教材内容要瞄准学习者的语言运用能力的提高需求，教材和读本的内容要接地气，贴近学习者的生活、工作需求。国家通用语言文字的学习重在应用，重在运用到实际社会生活与生产，而不是简单把它当成语文知识的学习。现在有很多优秀的影视剧、新媒体短视频，内容生动、形式活泼，都可用作提高国家通用语言文字应用能力的学习教材。

3. 加强国家通用语言文字师资队伍建设

充分调动高校教师与大学生的力量，更有效地服务国家战略需求、推广语言文字、进行咨政服务。一方面可以加强基地校之间联系，建立指导教师团队库，在专家咨询、方案设计等方面实行联动，共同推动福建省语言文字工作事业发展；一方面积极落实教育部、国家语委《关于加强高等学校服务国家通用语言文字高质量推广普及的若干意见》文件精神，培养大学生"一种能力两种意识"，即语言文字应用能力和自觉规范使用国家通用语言文字的意识、自觉传承弘扬中华优秀语言文化的意识；强化语言文字能力；提升语言文化素养；打造优质推普团队；更好地服务推普助力乡村振兴和文化强国建设。

4. 探索语言文化传播新途径

语言既是文化的有机组成部分，也是文化的载体，中华文明的源远流长、博大精深同样体现在中华优秀语言文化之中。李宇明曾指出："文化应当活在当下，滋润当代人的精神与生活。但在移动互联网时代，需要认真探索传统文化的融入方式。""我国的口语文化主要集中在乡村，如何通过口语文化支持乡村振兴，在乡村振兴中保护、发展口语文化，是值得探讨的问题。"[①] 以学校基地为基础，以点带面、提纲挈领地实施国家通用语言文字的推广工作，不急于一时一地，应坚持长效机制，采取润物无声的方式，融入城市文明建设、乡风文明建设，带动区域文明程度提升，提升人民幸福感受，为区域高质量发展奠定基础。

（闽南师范大学　肖模艳、林松华）

[①] 参见访谈《加强优秀语言文化研究和创新传播》，《中国社会科学报》，2021 年 12 月 17 日。

第二部分

福建领域篇

国家语言服务出口路径调查

语言服务是中外文化、科技合作、经贸交流的桥梁，是我国参与全球治理和促进文明交流互鉴的重要支撑。语言服务能力直接影响"走出去"的成效和文化传播的效果，是国家软实力的重要体现。

2022 年 3 月，中国商务部等 7 部委公布首批国家特色服务出口基地（语言服务）名单，华侨大学国家特色服务出口基地（语言服务）（以下简称基地）入选，是全国仅有的 2 所语言服务出口高校基地之一，也是福建省唯一入选的语言服务出口基地。本文以该基地为例，对国家语言服务出口的路径展开个案调查。

基地围绕"语言人才培养＋产业服务"，拓展"中文＋"人才培养体系，搭建中外交流和校企合作服务平台，培育"语言＋职业＋产业"创新项目，形成了"以语带文，文语并进""以语通文，以文同心"的语言服务出口工作体系。当前，基地重点聚焦"六个一"的建设目标，即"着力探索一套语言服务人才培养体系，培育一个语言教育产品系列，打造一组语言服务出口品牌，助力一批中国企业'出海'，推动一批语言服务企业落户厦门，搭建一个语言服务公共资源平台"，为中国文化、产品、服务、技术和标准"走出去"提供更有效的专业支撑，助力"一带一路"倡议走深、走实。

一 以"中文＋产业"语言服务助力中国企业"出海"

2017 年，世界 500 强企业厦门象屿集团联手江苏民营企业德龙镍业在印尼建设年产 250 万吨不锈钢的一体化冶炼项目。该项目投资超 180 亿元，直接聘用印尼当地员工近 1.7 万人。在项目推进过程中，两国员工存在不同程度的跨文化交际障碍、管理理念冲突、技术沟通屏障，严重制约项目发展。为帮助企业解决这些痛点，基地自 2022 年起，通过"线上＋线下"相结合方式，为该项目印尼骨干员工定制"中文＋产业"培训。该路径以"全方位课程体系、速成训练机制、沉浸式学习场景"为主要特点。

第一，践行"基础中文＋产业中文＋专业技能＋管理文化"课程体系。以往的中文服务出口多停留在传统的文化交流、语言学习层面，而基地为象屿集团年产250万吨不锈钢冶炼一体化项目（PT. Obsidian Stainless Steel，PT. OSS）员工定制的课程已升级为"中文＋产业"培训，将印尼员工工作所需的基础中文、企业文化、专业技能、管理理念、工艺流程等知识体系有机融合，根据员工在岗、脱产以及岗位类别、中文水平等不同需求，将"基础中文＋产业中文＋专业技能＋管理文化"等课程内容、教学流程和教学方式进行了柔性重造，实现了企业个性化定制。基地还专门编写了《产业中文——不锈钢一体化冶炼》《产业中文——镍钴冶炼》等教材，并整合提炼了象屿集团的管理理念、管理智慧和企业文化，编成《企业管理智慧研读》，以便更快、更好、更全面地帮助海外员工学习和理解工作内容、工作要求和工作标准。培训不再是单纯的语言学习，而是出于工作需要，与产业高度契合"中文＋产业"训练。

第二，以速成训练机制应对企业迫切需求。对企业而言，时间意味着效率、效益，然而企业无法给员工提供专门的、长久的中文训练时间。鉴于此，基地将"线上＋线下""长期＋短期""请进来＋走出去"相结合，创新了一套企业海外员工中文速成培训实施策略，帮助企业海外员工在半年至1年的学习中，快速、高效掌握工作所需中文。来到基地前，学员先进行4个月的线上中文培训。为满足线上学习需求，基地自主研发了"同心中文·智慧语言学习平台"支持系统。到基地后，学员又接受3个月的线下高强度速成训练。在管理上，基地安排了1周5天满满的课程加周六的外出研学课程；每天设早读和晚自习；每周有周测。这样集中强化的语言训练带来的不仅有速度，还有效果。学员能在短短3个月内大幅提升中文水平。

第三，创新构建沉浸式中文学习场景，革新中文教学方法。基地聚焦企业和项目需求特点，将语言教学、技能培训和社会互动有机融合，把企业的产业发展、社会民生以及内部管理等全场景、全要素作为培训内容，通过"互动融通、沉浸式"学习，向员工展现一个真实、立体、全面的中文应用场景。同时，综合运用人工智能（AI）教学、场景教学、任务型教学等方法，综合学习场景、工作场景、生活场景等多元要素，教学与实践相结合、工作与应用相结合、输入与输出相结合、语言与文化相结合，做到实现以用促学、以考促学、以情促学、以文促学。

"中文＋产业"培训是语言服务出口的新路子，但要走好这条新路仍不轻松。基地在如何服务更多境外投资企业项目、平衡中文与产业教学、提升中文服务企业效度等方面，仍在不断探索。

二 以"中文学分课程服务贸易"模式
推动语言服务落地海外

基地面向海外主流大学和基础教育阶段学校，定制化开展中文学分课程服务贸易，帮助这些学校开设中文学分课程。

一方面，为缓解国外大学中文师资不足、优质中文课程紧缺的状况，基地与海外主流大学及当地教育部门合作，根据国外高校学生中文学习培养要求，定制化开发在线课程、研发优质中文教学资源。国外高校以购买服务的方式将基地课程嵌入其专业课程体系，以学分计入学生培养方案。基地通过输出优质国际中文学分课程，将我国优质中文教育资源推广到海外主流教育体系，进而带动相关教材、文化产业出口。

2021年9月，基地与菲律宾加洛干市政府、菲律宾加洛干市菲华商会、加洛干市立大学合作，为加洛干市立大学教育学专业学生提供中文学分课程服务。项目学制4年，基地教师在线授课，输出大一至大四共4个学年的"中文＋教育学"课程。这样一来，加洛干市立大学教育学专业学生有望实现"中文高级水平＋教育学理论与教学技能合格"的目标，进而满足该专业学生毕业后在菲律宾中小学承担中英双语教学任务的需要。截至2023年2月，该项目累计培养学生75名。2022年12月，学生以92%的通过率通过汉语水平考试（HSK）3级考试。

另一方面，基地提出"优质中文基础教育课程前置"，将华侨大学优质来华留学预科中文课程和中国优质中文基础教育课程，前置到海外基础教育教学体系中，打造"来华留学预科前置＋留学中国"模式。海外中学生在高中阶段（高一到高三）参加基地举办的"华侨大学来华留学生预科教育——海外高中前置学习项目在线学习班"，而后参加来华留学统一预科结业考试。合格者获颁"华侨大学预科结业证书"，即可顺利进入中国大学本科专业学习。这一模式充分发挥了基地资源、渠道和平台优势，将中华传统文化教育、华文教育与专业教育结合起来，为海外中文学习者提供更丰富、更优质的课程与教育服务。"来华留学生预科教育——海外高中前置学习项目"将原本高中毕业后才开始学习的中文和专业知识融入海外当地高中的培养体系，学习者来华留学时不需要额外参加一年预科学习，有效节省了学习时间，中文学习也更扎实、更深入。这一举措大大缓解了长期困扰海外国民教育体系中的中小学和民间自营的华文学校的优秀师资、优质教学资源紧缺问题。

2022年7月起,华侨大学分别与菲律宾怡朗新华学院、菲律宾马尼拉晨光中学、印尼圣道基督教学校合作,将华侨大学预科中文课程嵌入当地高中课程,160名海外高中生在本国学习高中课程的同时接受华侨大学的预科教育,为顺利进入中国本科学习打下坚实基础。基地根据海外高中的教学需求,建立虚拟教研室。中外双方共同定制适合本国高中的特色课程和培养方案,形成了"以语言教学为纲、融合中国文化要素教学与汉语实践能力培养为一体"的教学体系。该项目实行双班主任制——当地高中学校的班主任与基地中文班主任共同负责,两位班主任定期交流学生的学习情况,将学生学习情况反馈给家长,促进家校联动、双线培养,构成了"教学""管理""服务"三结合的组合拳。

三 建设智慧学习平台赋能语言服务出口

基地依托自主研发的多模态国际中文课程资源和技术,与人工智能领域独角兽企业——云知声智能科技股份有限公司合作,共同打造"同心中文·智慧语言学习公共服务平台",构建全世界中文学习者的一站式学习服务社区。平台适合世界各国零起点中文学习者随时随地、沉浸式在线学习中文,促进各国学习者之间以中文为基础的互动和资源共享。同时,通过大数据、人工智能技术为学习者画像,精准投送学习资源,圈选学习目的、学习能力相似的学习者构建学习社区。平台一方面聚焦以学生为中心的个性化学习目标,零基础的中文学习者可通过平台自助式、互动式、智能地完成中文学习全过程,实现教学全场景闭环;另一方面围绕以教师为主导的自助式智能备课授课的目标,人工智能大数据精准构建学习者画像,为教师提供个性化教学参考,内置海量优质中文学习资源,包括融媒体智慧教材、中文情景剧、翻转课堂学习视频、智能测试等,教师可以自由调用、轻松组合。

依托语言服务平台的流量优势及发展潜力,可有效整合教学、科技、商务、贸易等资源,吸引语言服务产业上下游企业联动,促进企业项目在平台对接和发展,形成完整的国际中文教育产教融合发展生态链,赋能中国企业"出海",发挥语言服务产业聚集效应,实现多方共赢,全面助力地方区域经济发展。

(华侨大学 崔丽丽)

"海外新声代"如何讲好中国故事*

党的二十大报告制定了"增强中华文明传播力影响力"的战略,新媒体时代要革新"讲好中国故事"的方式方法。如何从传播主体、传播内容、传播媒介等方面提升中国故事对外传播效能,已经成为一个重要议题。

"海外新声代"新媒体工作室(下文简称"海外新声代")是 2020 年华侨大学成立的国内首个以来华留学生为主体、通过短视频方式向海外民众讲好中国故事的机构。自 2020 年 12 月在《人民日报》客户端发布第一期视频《中国疫苗在海外》起,至 2023 年 3 月,"海外新声代"共创作 382 期视频,这些视频聚焦"中华传统文化、中国现代发展、人类命运共同体",挖掘福建宋元丝路商贸悠久历史,讲述中国"一带一路"倡议提出 10 年来福建在独特地理位置、开放贸易环境和"爱拼才会赢"奋斗精神背后的动人故事。在话题选择、话语内容、语言风格等方面,"海外新声代"凸显了留学生在语言表达上的"他方视角"与"青年华语"传播优势,为发挥来华留学生群体语言优势、创新中国国际传播语言文字表达、挖掘来华留学生讲好中国故事的语言潜力提供了新的思路、方法和经验。

一 "海外新声代"基本情况

在 382 期视频中,共有 232 名留学生担任过"海外新声代"主播。他们来自印度尼西亚、爱尔兰、安哥拉等 16 个国家和地区,覆盖亚洲、非洲、欧洲、中南美洲,其中又以东南亚留学生居多,约占 70.26%,具有整体分布广泛和局部相对集中的特点。具体如表 1 所示。

* 基金项目:2022 年度"我为建设新福建献良策"(统一战线专项)课题(课题编号:JAT22007;课题名称:福建高校"一带一路"沿线国家来华留学生中国文化与国情教育研究)。

表1　"海外新声代"主播国别及数量

区域	人数	占比/%	序号	国别	人数	占比/%
亚洲	184	79.31	1	印度尼西亚	87	37.50
			2	泰国	24	10.34
			3	缅甸	17	7.33
			4	老挝	9	3.88
			5	菲律宾	13	5.60
			6	马来西亚	7	3.02
			7	越南	6	2.59
			8	蒙古国	8	3.45
			9	巴基斯坦	13	5.60
非洲	29	12.50	10	南非	3	1.29
			11	安哥拉	11	4.74
			12	毛里求斯	5	2.16
			13	赞比亚	10	4.31
欧洲	7	3.02	14	爱沙尼亚	7	3.02
中南美洲	12	5.17	15	哥伦比亚	4	1.72
			16	秘鲁	8	3.45
合计	232	100.00			232	100.00

　　"海外新声代"视频主要发布于《人民日报》、中新网等官方媒体的推特（Twitter）、油管（YouTube）、脸书（Facebook）平台和留学生主播个人海外社交平台，累计播放量超过1.2亿，引发海外网友广泛关注和讨论。项目获中央网络安全和信息化委员会办公室、中华全国青年联合会"境外文化影响力"重点项目立项，并多次在中国外文局"第三只眼看中国"国际短视频大赛、中央广播电视总台"遇见你"中非青年视频原创者大赛等国家级比赛中获奖。

二　"海外新声代"视频语言特点

（一）语种："中文＋外语"多语种实现传播"在地化"

　　"海外新声代"通过主播个人在其祖国的社交圈向外延展，实现了"留学生的家乡在哪里，中国故事传播的触角就延伸到哪里"的传播效果。其中英语和汉语是最主要的传播语言,辅以印尼语、泰语、老挝语、缅甸语、葡萄牙语、西班牙语、乌尔都语等,在视频语种使用上最大程度地发挥了留学生的语言优势。所有视频均设置了中英双语字幕,以链接更多海外受众。留学生回到自己的祖国,与当地民众进行互动、传播中华文化时,则会选择使用其母语作为主要传播语言。

表2 "海外新声代"视频语种使用情况

序号	语种	视频期数	占比/%
1	英语	165	43.19
2	汉语	137	35.86
3	印尼语	24	6.28
4	泰语	16	4.19
5	老挝语	9	2.36
6	葡萄牙语	11	2.88
7	缅甸语	6	1.57
8	西班牙语	5	1.31
9	乌尔都语	3	0.79
10	其他	6	1.57
合计		382	100.00

在382期视频中,英语和汉语的使用频率最高,分别占43.19%和35.86%。其他小语种均为主播的母语,以东南亚地区语言为主,其中印尼语和泰语的使用频率较高,分别占6.28%和4.19%。

(二)话题:通过中国社会"故事化"吸引海外受众

"海外新声代"在创作过程中响应习近平总书记提出的"展示真实、立体、全面的中国""努力塑造可信、可亲、可敬的中国形象"的号召,选择"中华传统文化、现代中国发展、中国与世界"三大议题,构建了特色鲜明的六大板块,记录了中国社会的方方面面,呈现了多元真实的中国,塑造了良好的中国形象。这六大板块分别是"此心安处是吾乡""'一带一路'我带路""世界青年眼中的百年大党""新时代,在中国""我在中国学绝技""智慧无国界"。

在具体话题选择上,"海外新声代"从小切口入手,聚焦中国普通人和平凡事,讲述短小精悍的故事,展现中国社会百态和万千普通中国民众的生活面貌。

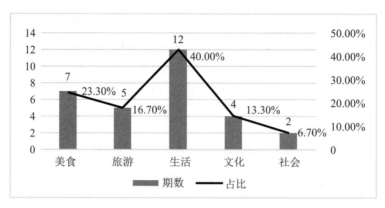

图1　30期"海外新声代"视频话题选择情况

如图1，30期视频的播放量超过10万，其中"生活"和"美食"两类话题占比最高，分别达到40.0%、23.3%。另外，《外国留学生体验中国智能商超》是当月爆款视频，多平台播放量超过了110万。这两类话题在"海外新声代"382期视频中所占的比例颇高，达到了51.2%，视频传播数据也很可观。由此可见，充分考虑受众异质性，并通过"故事化"话题找到文化间性，在不同的语言文化背景中建立互动与对话空间，这样的话语内容是"海外新声代"在传播中国故事方面做出的行之有效的探索。

传播内容贴近受众生活，会更容易被海外受众理解和接受。如，第231期视频《留学生武夷山下采茶品茗》就以福建武夷山大红袍为讲述对象。福建是历史上的海上丝绸之路起点，也是郑和下西洋的起点之一。茶叶不仅是福建特产，更是千百年来在对外交往历程中，外国群众认识中国的重要载体。该视频回顾了"茶"从福建出发通过"丝绸之路"走向世界的悠久历史，用通俗易懂的语言将"茶"所蕴含的中华民族爱好和平的故事传递给海外受众。这种共情式的柔性传播呼应着中外文化中相似共通的部分，以一种轻松愉快的方式将中国文化带入海外民众内心，感染他们，形成情感链接。

（三）语用：第一人称视角口语化用词实现低语境传播

"海外新声代"视频在语言上表现出显著的"生活化"倾向。在字词选用上注重常用性，在句型的使用上倾向于陈述句、疑问句等简单句类型，鲜有复句出现，关注词汇与句子的语用效果甚于其文学性，力求通过日常用语把内容讲清楚、讲明白。

这里选取30期在油管（YouTube）平台上播放量超过10万、平均时长为1分

42 秒的视频进行实词选用考察，发现视频平均使用实词种数为 297 个。其中属于《汉语水平考试词汇等级大纲》三级及以下的词汇约占 52%，属于四级词汇的约占 32%，属于五级、六级的词汇分别占 11%、5%。换言之，视频使用词汇大多数在初级、中级汉语水平，总计达 84%。可以看到，视频在语言字词难易程度方面下了功夫，将通俗易懂放在首位，以让尽可能多的海外观众听懂。

与此同时，"海外新声代"视频倾向使用第一人称的叙述视角。在 382 期视频中，单独采用第一人称"我"表达的视频有 202 期，占 52.9%；交叉使用第一、第二人称进行互动式语言表达的视频有 124 期，占 32.5%；使用第三人称表达的视频有 56 期，占 14.6%。由此可见，在语言表达的视角选择方面，"海外新声代"将侧重点集中在"我"这一具有亲切感的第一视角上。

以来华留学生为故事讲述者，从视频中"我"的视角来观察事物，用"我"的口吻来讲述在中国生活的所见所思所感所悟，一是削弱了语言上的书面性质，最大程度地放大日常交际在视频表达方面的作用；二是这种偏向于视频博客（vlog）的表达让语言输出变得碎片化，以短句为主，语速偏慢，为观众带来的更多的是一种交流感，而非说教感，达到微型信息碎片化传播的效果；三是有效缩短了视频创作者与观众之间的距离，视频语言不再只是信息的冰冷载体，而被赋予了情绪价值，这种情感的共鸣在对外传播中往往更具备长时效果。

（四）表达风格："Z 世代"① 新媒体语言风格链接中外青年

短视频是当前互联网最主要的内容传播形式之一。数据显示，自 2020 年第四季度以来，"Z 世代"在短视频社交平台抖音（TikTok）的日活跃度增长了 47%。②

"海外新声代"利用短视频强交互性的语言特点，通过互动、提问类型的话语结构让信息接收者获得置身性、参与性、体验感和娱乐需求。如"Have you ever seen...?（你见过……吗？）""You can come and experience it in person.（有时间你也可以来感受一下。）"等表达实际上是一种开放式的参与结构，将大众传播转换成了人际传播。

"海外新声代"在视频语言写作方面，顺应"Z 世代"话语表达潮流，适当融入新词、热梗，提升了语言对青年群体的吸引力。如《留学生看冬奥会：我们一

---

① "Z 世代"是指 1995 年至 2009 年间出生的一代人。这代人自出生以后就与网络信息时代无缝对接，深受数字信息技术、智能手机产品等的影响。

② 参见腾讯、GWI《2022 年 Z 世代群体研究报告》，深圳：腾讯媒体研究院，2022。

起向未来！》视频制作于北京冬奥会期间，当时各国运动员在国际社交媒体上掀起了发布与冰墩墩（Bing Dwen Dwen）合照、快拍^①的热潮，视频对一跃成为网络"顶流"的冰墩墩进行了有趣的展示，对"一墩难求"等表达加以解释，对其中所蕴含的中国文化以及内涵进行了通俗的讲述，让海外用户，尤其是以使用此类软件为生活习惯的年轻一代在潜移默化中对中国冬奥和优秀文化有所了解。^②再如，2022年8月，一段"我是云南的，云南怒江的"抖音口播台词走红中国网络，毛里求斯留学生发挥自己的音乐特长，结合自己在中国生活期间学习到的反诈骗安全知识，创作了说唱短视频，用说唱的语言表达习惯表现跨国诈骗手段并发布于油管视频平台，吸引了大量来自海外说唱爱好者的观看、点赞和评论，引发了互动高潮。

作为跟随移动互联网一同成长的一代，"Z世代"具有显著区别于上一代的思维方式和语言表达风格。根据全球网络指数网站通过对全球"Z世代"群体的抽样调查发布的《2022年Z世代群体研究报告》，31%的被调查者表示自己受到了圈层文化（如汉服圈、说唱圈）的影响。而这类亚文化圈的垂直发展让他们形成了一些独属于各自圈层的词汇和语言交流方式，能够用一样的语言创造出不同的话语内容。在"海外新声代"382期视频中，涉及网络热词热梗、全球亚文化圈用语的视频数量有158期，占总视频数量的41.36%，表现出了显著的互联网新媒体浪潮下的"Z世代"新兴语言风格，符合当下全球青年群体的语言表达和交流习惯。可以说，此类从留学生视角切入来观察中国社会时事热点的视频，通过全球青年共通的语言形式对中国故事进行全新表达，不仅提升了留学生对现代中国的认知与理解，也得到了海外受众尤其是"Z世代"的热捧。

三 思考与启示

来华留学生作为民间力量的重要组成部分，不仅是中国故事的"民间大使"，更是"一带一路"倡议和人类命运共同体建设有力的实践者和传播者。在华的学习生活让他们对中国社会文化各方面耳濡目染，能现身说法，又因语言优势和文化接近性也能够在对外传播中无缝衔接海外受众的心理需求。他们眼中的中国是

---

① 国际社交媒体照片墙（Instagram）的一种颇受热捧的动态发布方式。用户可以选择照片、视频、文字、贴纸等方式按照自己的喜好制作成短视频，并可以添加标签与其他用户互动，同时可以同步群发到脸书和推特。该内容将会显示于页面顶端，保存24小时。

② 详见《留学生看冬奥会：我们一起向未来！》，2022年2月5日。

什么样的，直接影响了海外民众对中国的看法。因此，深入挖掘来华留学生在讲好中国故事领域的潜力，是当前对外传播的重要路径之一。

"海外新声代"以来华留学生为核心组建传播团队，通过互联网社交媒体平台点状辐射，形成新型传播模式，这为新时期对外讲好中国故事提供了一个范式。

（一）将语言文字表达转化为情感链接

"海外新声代"以留学生视角、生活化表达呈现在华生活各方面的感受。其中以语言为载体自然流淌出的情感，是中国与海外受众之间情感强链接的关键所在。海外民众通过视频不仅会对留学生们产生信任感、亲近感，也能从中感受到自己在体验另一种人生状态的可能性。强烈的代入感成为推动他们进一步了解视频中所提及的中国人、中国事的契机。

（二）把握社交媒体新兴语言表达特点

来华留学生这一具备"Z世代"文化标签的群体在国际传播中表现出了自身的语言表达特色。自媒体浪潮下，"海外新声代"的视频语言结合当下短视频轻体量、碎片化的语言表达方式，通过视频博客的形式，提高了语言文字在声画层面的吸引力。

（三）话题内容接地气、有趣味、具内涵

搭配简单日常的用词和故事化的表达，让"海外新声代"的视频创新了以短视频为媒介讲好中国故事的语言表达方式，软化了众多国际社会关注的中国社会议题，真正实现了通过来华留学生这一主体讲述中国故事的柔性传播。

（中国社会科学院大学　王亚轩；

华侨大学　沈　玲）

提升教师国家通用语言文字能力
在线培训成本调查

一　引言

为了落实《教育部语用司关于对 52 个未摘帽贫困县开展教师国家通用语言文字提升在线示范培训的通知》，厦门大学国家语言文字推广基地于 2020 年对口广西壮族自治区河池市都安瑶族自治县 101 位中小学及幼儿园教育工作者，开展"领略国家通用语言魅力，拓展自我言语潜质"的普通话专项培训。本次培训使用"课堂派""微信"等在线平台进行教学，利用信息技术优势克服了时间与地域限制，扩大了推普扶贫工作的受众面，也为科学研究在线语言教学、检验"教师语言培训普遍性、高效性"提供了有效数据。

本调查基于教育语言规划模型，以教育语言规划关注的第五个主要模块——对支持语言教育课程的"可用资源的界定"，即以成本分析为核心，结合教育语言规划"教师库的定义与培训"和最终目标"学生成绩"，评估整个在线培训是否成功。本文试图解析教育语言规划需要细化的两个问题：

第一，人力成本方面，教师团队方面，在以视频学习为主、作业交流为辅的在线学习形式下，助教（培训团队）在多大程度上影响参训学员的成绩？

第二，时间成本方面，在线培训形式在多长时间内能显著有效？

二　研究方法

（一）　项目介绍

本次普通话培训对象为全国 52 个未摘帽贫困县中小学和幼儿园普通话水平在二级乙等及以下的少数民族教师、农村教师。我国对教师报考资格条件和对教师普通话水平等级要求的限制是全国一致的：

1. 中小学及幼儿园、校外教育单位的教师，普通话水平不低于二级乙等。其中语文教师不低于二级甲等，普通话语音教师不低于一级乙等。

2. 高等学校的教师，普通话水平不低于三级甲等。其中现代汉语教师不低于二级甲等，对外汉语教学教师普通话水平不低于二级甲等。

3. 教学辅助人员普通话水平应达到三级甲等以上。

从第一次摸底测试的情况看，101 位参训教师中有 53 人的成绩低于 80 分，这表明其普通话水平没有达到二级乙等的最低要求。

培训时间：2020 年 5 月 11 日至 7 月 31 日的周一至周五，共计 12 周，持续时段 84 天。每工作日培训时长 1 课时（45 分钟）。

培训课程：主要分 12 个专题进行，专题授课方式采用"集中讲授+个别辅导"的"1+4 课时模式"。集中讲授以理论内容为主，旨在提升学员对普通话作为国家通用语言的理论认识；个别辅导以小班操练为主，以保证参训者在理论学习的同时，能利用大量朗读材料得到充分的实践指导训练。

培训测试：培训 3 次模拟测试时间为 4 月 24 日至 30 日、6 月 12 日至 21 日、7 月 23 日至 30 日。

（二）实验设计

101 位学员经过 3 次测试，回收了 79 位学员的有效测试成绩。以 79 人成绩变化为因变量，以人力成本、时间成本为自变量分组来考察语言培训效果的相关性因素。

本实验以普通话在线培训前、中、后畅言普通话移动应用程序（APP）提供的 3 次普测数据为因变量，按照学员因素、教师因素、学习方式（在线时长）对因变量分组进行实验。基本情况以学员普通话原始水平分组考察，人力成本拟通过 20 位志愿者教师分小组指导教学的实验观察教师个体对学员学习效果的影响，时间成本拟通过培训自然时长、净学时分组。

三 调查结果

（一）在线培训测试成绩显著提高

第一次测试为培训提供训前摸底成绩；第二次测试在培训 32 天后的 10

天内进行；第三次测试为继续培训 43 天，即培训结束前 8 天内进行。表 1 显示，培训 32 天后，一、二测成绩均值提升 1.7 分，两测差异有统计意义（P=0.000534<0.05），学员成绩显著提高。继续培训 43 天后，二、三测成绩均值继续提升，两测差异有统计意义（P=0.00147<0.05），学员成绩显著提高。从方差的变化可见，样本分布离散度降低，说明学员成绩提高显著且围绕均值普遍均衡，较少极高或极低成绩对样本产生整体影响。

表 1　t 检验第一／二测、二／三测试成对双样本均值分析

	一测	二测	二测	三测
平均	77.31772	79.00886	79.00886	80.70253
方差	40.83686	38.72595	38.72595	35.02563
观测值	79	79	79	79
$P(T \leq t)$ 单尾	0.000534		0.00147	
t 单尾临界	1.664625		1.664625	
$P(T \leq t)$ 双尾	0.001069		0.002941	
t 双尾临界	1.990847		1.990847	

表 2 显示，学员的原始普通话等级水平会影响培训效果的显著性。表现在第一、三次培训成绩按照二级乙等、三级甲等、三级乙等由高至低划分后，二级乙等学员经培训后成绩均值提高 0.2，且不具有统计学意义（P=0.4>0.05）。而原始水平三级的学员第二次、第三次普测成绩均值分别提高 4.3 与 9.1，且两次测试差异有统计意义（P<0.05），学员成绩显著提高，其中原始水平三级乙等的学员成绩普遍提高到三级甲等。这表明在线培训的方式对低成绩学员培训效果普遍有效。

表 2　原始成绩差异下 t 检验第一、三次测试（培训 75 天）成对双样本均值分析

原始水平	二级乙等 80—86.99		三级甲等 70—79.99		三级乙等 60—69.99	
平均	83.34333	83.5	75.64412	79.87353	66.92727	76.00909
方差	3.672195	19.82828	6.838298	26.56988	4.010182	44.80691
观测值	30	30	34	34	11	11
$P(T \leq t)$ 单尾	0.422303		3.5E-06		0.000331	
t 单尾临界	1.699127		1.69236		1.812461	
$P(T \leq t)$ 双尾	0.844606		7.01E-06		0.000662	
t 双尾临界	2.04523		2.034515		2.228139	

（二）时间成本分析

时间成本的测度以自然时长、在线学时为标准。自然时长是培训持续覆盖的总天数，在线学时为学员在线学习的时间。目标是解决：（1）整个培训周期多长最为合适？（2）一个周期培训时间多久最为合适？受限于本研究用于评估的自变量为学生畅言普通话 APP 测试的客观数据，故在时间分段上均以二测为中点分段，即二测前 32 天、二测后 43 天，前后自然时段均约 6 周。结合本次在线培训的上级文件要求"学员需要学满 60 学时（每学时 45 分钟）"。在"阶段计时"方案设计之初，我们假设用视频学习模拟语言输入，用提交作业模拟语言输出，并用"在线学时"自变量来衡量在线培训过程普测成绩变化 y 与语言输入、输出因素的相关性。

表 3 与表 4 显示学员经过二测前后自然时长 32 天与 43 天的学习成绩提高的情况。原始水平为二级乙等的学员平均成绩提高分别为 0.7 与 0.9，方差从 3 到 19 的变化表明二级乙等学员成绩离散度增高，即个别学员成绩起伏较大，但是两个阶段培训后学员成绩变化并不显著（$P>0.05$）；原始水平为三级甲等学员二测前后平均成绩提高分别为 1.8 与 2.4，两个阶段培训后学员成绩变化显著（$P<0.05$）；原始水平为三级乙等学员二测前后平均成绩提高分别为 5.5 与 4.6，两个阶段培训后学员成绩变化显著（$P<0.05$）。以二测为中点的前后两个阶段的成绩变化表明，普通话原始水平三级的学员通过培训，普通话水平普遍提高，但随着成绩的提高，提高效率放缓。这证明现阶段 12 教学周的自然时长安排是有效的，尤其对普通话原始成绩较低的学员更加见效。同时也要求培训团队针对普通话水平二级以上的学员制定更加个性化的训练以提高培训效率，降低时间成本。

表 3　原始成绩差异下 t 检验第一、二次测试（培训 32 天）成对双样本均值分析

原始水平	二级乙等 80—86.99		三级甲等 70—79.99		三级乙等 60—69.99	
平均	83.34333	83.41667	75.64412	77.47059	66.92727	72.38182
方差	3.672195	17.69247	6.838298	23.20638	4.010182	25.81964
观测值	30	30	34	34	11	11
$P(T \leq t)$ 单尾	0.460931		0.011287		0.000425	
t 单尾临界	1.699127		1.69236		1.812461	
$P(T \leq t)$ 双尾	0.921863		0.022573		0.000849	
t 双尾临界	2.04523		2.034515		2.228139	

表 4　原始成绩差异下 t 检验第二、三次测试（继续培训 43 天）成对双样本均值分析

原始水平	二级乙等 80—86.99		三级甲等 70—79.99		三级乙等 60—69.99	
平均	83.41667	83.5	77.47059	79.87353	72.38182	76.00909
方差	17.69247	19.82828	23.20638	26.56988	25.81964	44.80691
观测值	30	30	34	34	11	11
$P(T \le t)$ 单尾	0.461254		0.000597		0.07465	
t 单尾临界	1.699127		1.69236		1.812461	
$P(T \le t)$ 双尾	0.922508		0.001195		0.149301	
t 双尾临界	2.04523		2.034515		2.228139	

表 5 为在线学习时长的多元回归统计表。复测系数为 0.060017，未显示出自变量与因变量间的强相关性。标准误差用来衡量拟合程度的大小，也用于计算与回归相关的其他统计量，此值越小说明拟合程度越好，复测系数与标准差显示在线学习时长与学习效果之间的相关性不明显。方差分析参数主要作用是通过 F 检验来判定回归模型的回归效果。F 显著性统计量的 P 值为 0.60169，大于显著性水平 0.05，所以说该回归方程回归效果不显著，表明本次在线培训时长与学员整体成绩提高之间不存在显著相关。

多元回归分析显示，在线学时与成绩变化没有相关性。如表 6 所示，分别做了在线学时的分组实验后发现，截至第 11 教学周周末，在全体学员平均在线学习时长达到 87.7 的情况下，净学时不足 55 的 15 位学员的前后测试成绩变化没有表现出统计学上的显著差异，而大部分学员的在线学时远远超过 60。

表 5　回归统计表

复测系数	0.060017
标准误差	5.546967
方差分析（F 检验）	0.60169
观测值	78

表 6　不满 55、满 58 学时标准分组 t 检验

	不满 55 学时		满 58 学时	
平均	76.51429	78.04286	77.48889	79.33333
方差	45.10747	42.50879	41.13987	39.37294

（续表）

	不满 55 学时		满 58 学时	
观测值	14	14	18	18
$P(T \leq t)$ 单尾	0.112128		0.043906	
t 单尾临界	1.770933		1.739607	
$P(T \leq t)$ 双尾	0.224256		0.087811	
t 双尾临界	2.160369		2.109816	

由自然时长、在线学时的实验可知，培训自然时长 32 天就可以获得普测成绩显著提升的效果，三级乙等的学员可以提高到三级甲等，三级甲等与二级乙等的学员通过 75 天的培训即便成绩有显著提升，但是要提高一个等级有相当难度。这要求培训针对普测原始成绩较高学员应采取其他高效的培训方式。如果能在 32 天内合理安排满 55 学时，例如每天安排 1.5 学时的学习任务持续 37 天，从培训的时间成本来计算应是更为经济的方案。

（三）人力成本分析

20 组学员按照辅导教师不同分组，每组 5 人，回收 79 份有效测试成绩，其中一组测试有效成绩回收数量不足（2 人）无法进行检验。研究显示，有 16 个组第三次测试平均成绩均有提高，其中第 6、7、12、14、18 组的学员的成绩提高显著有统计学意义（$P<0.05$）。三个组（8、11、15）测试平均成绩下降，成绩均值下降不显著（$P>0.05$）。

本次按照辅导教师进行的 19 组别分组检验，有五组 P 值小于 0.05，这表明分组教师差异与学员成绩显著提高存在关联，即便是小组辅导，一位教师负责 5—6 位学员，学员培训前后的普测成绩也能体现出显著的差异变化。同时以学员两次测试均值变化、方差变化辅助 P 值为参考量进行分析，可以迅速区分教师层次，以便辅助其他手段进一步评估教师团队的教学效果，对培训教师的教学质量进行评价。

为了检验教师团队小组辅导的效果，培训结束后我们设计了关于教师素质的问卷调查，邀请学员针对教师表现根据学习满意度打分（1—10 分表示非常不满意至满意）。问卷内容围绕教师"专业相关度""语言技能""技术能力""时间投入"4 个方面设计，回收的调查表依照学员第一、三次测试成绩的变化分组统计，优等为第 6、7、12、14、18 组，良等为第 1、2、3、4、5、9、10、13、16、17、19 组，中等为第 8、11、15 组。如图 1 所示，优等组的学员满意度评价处于中等水平 76.1 分，中等组的学员满意度平均成绩最高达到 80.5 分。与学员整体满意度评价均值 76.7 分比较，只有中等度达到平均水平。假设优良的培训既能反映学员水平的客观提高，也能使学员在培训中体验到学习知识的乐趣，那么图 1 的满意度水平至少反映出现阶段培训的两个问题：（1）学员对教师的评价与自身培训成绩显著提升间不存在强相关关系；（2）教师培训团队的培训效率、水平还需加强。

进一步从客观条件分析优等组别教师的特点，发现 5 位教师专业覆盖"汉语言文字学""汉语国际教育""语言学及应用语言学" 3 个相关专业，普通话水平有 3 位达到一级乙等、2 位达到二级甲等，均为非毕业年级研究生。在整个教师培训团队平均年龄为 25 岁的背景下，优等组别教师平均年龄为 24.8 岁，中等组教师平均年龄为 25.7 岁，平均年龄反映教师处于毕业年级的可能性，也会影响从事在线培训的时间投入。所以教师团队尤其是非专业固定培训的教师团队选拔也要寻求"经验技能""技术能力"与"投入时间"的平衡。在教师定义的优先度上应采取"专业相关度→时间投入度→语言技能→技术能力"的排序。

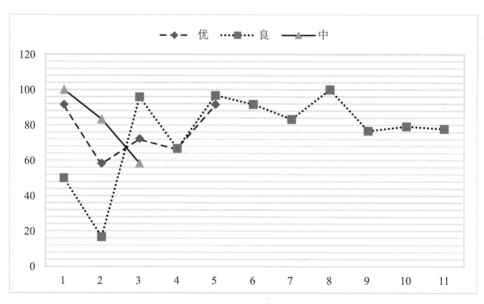

图 1　各组学员对教师的满意度评价分布

四 两点建议

本研究立足国家语言文字推广基地（厦门大学）的普通话在线培训实践，为今后在线培训有效性提供了数据支持，同时提出需要细化的两方面问题。

（一）人力成本

培训教师团队对学员成绩的显著提高具有一定的影响。优秀的辅导教师可以促进本小组学员成绩的显著提高。而个别组别的教师会促进或者弱化成绩的提高。由于助教或志愿者教师团队的不确定性，这要求培训负责人按照"专业相关度→时间投入度→语言技能→技术能力"的排序选拔或通过后期专项培训提升教师团队的教学能力。

（二）时间成本

随着培训自然时长的增长，学员成绩的均值会不断提升，但是成绩提升的难度也会加大。培训 32 天整体样本即可体现出成绩提升的显著变化。培训需要对净学时有最低要求，55 学时是现阶段培训体现出的最低在线学习时长。考虑到因变量培训成绩是多自变量综合影响的结果，55 学时最优的假设还需结合进一步实验检验。

在线学习模式提供了教育语言规划施展的新空间，这也要求规划执行部门在微观语言规划活动中进一步细化规划项目的方案设计、人力资源配置，以持续优化项目构成，实现培训模式的高效发展。

（厦门大学 赵怿怡）

泉州世界文化遗产点语言景观调查

一　引言

　　泉州是海上丝绸之路起点城市，是宋元时期东方第一大港，多元文化在这里交汇融合。2021 年 7 月，"泉州：宋元中国的世界海洋商贸中心"项目正式获得通过，成为我国第 56 个世界文化遗产，每年吸引大量游客参观游览。

　　语言景观是社会语言学研究热点之一。语言景观的研究不仅能反映出城市的语言使用状况，还可以考察语言景观背后所蕴含的语言政策及历史文化信息。本文从语言使用、语言功能、语言服务等 3 个方面分析泉州世界文化遗产点的语言景观，探究泉州语言景观的基本情况及语言服务效果，反映泉州语言政策的执行状况，探索泉州多元语言生态。

二　调查对象及调查方法

（一）调查对象

　　"泉州：宋元中国的世界海洋商贸中心"由 22 处代表性世界文化遗产点及其关联环境和空间构成。22 处代表性世界文化遗产点遗址分为制度保障类、多元社群类、商品产地类、运输网络类等 4 类，分布于泉州市区及周边县市。本次调查对象是泉州市 20 处世界文化遗产点的语言景观，德化窑址、安溪冶铁窑址因路途远未采集。限于篇幅，本文主要分析世界遗产标识牌、景区标识牌、导引牌、文物保护标志牌等官方标识牌和捐赠名录、通知通告等私人标识牌。调查共收集到语言景观图片 224 张，其中官方标识牌 179 张，占 79.9%；私人标识牌 45 张，占 20.1%。

（二）调查方法

2023年2月至10月期间，我们通过实地走访、拍照记录的方式调查泉州世界文化遗产点的主要开放区域，并对图片进行编号，用电子表格制作软件（Excel）对各类标识牌进行统计分析。每个语言标识牌无论大小、正反面内容，只计算一次。

三　语言文字使用状况

根据语言景观是否具有官方性，可以将其划分成官方标识牌与私人标识牌。官方标识牌就是政府机构所设立的语言景观。私人标识牌主要指个人、企业所设的非官方语言景观。这里将标识牌分为官方和私人的语言标识牌，统计其语言使用状况。

表1　泉州世界文化遗产点标识牌语用类型

标识牌语用类型	单语	双语		多语			总计
	汉语	中英	中阿	中英日	中英日韩	中英日韩阿	
世界遗产标识牌	0	39	2	0	0	0	41
景区标识牌	6	34	0	1	1	3	45
景区导引牌	4	39	0	0	8	0	51
文物保护标志牌	42	0	0	0	0	0	42
私人标识牌	45	0	0	0	0	0	45
总计	97	112	2	1	9	3	224

（一）官方标识牌

官方标识牌主要包括世界遗产标识牌、景区标识牌、景区导引牌、文物保护标志牌，这些是世界文化遗产点的标准配置。

1. 世界遗产标识牌

世界遗产标识牌方便使用者了解遗产点全貌，起到了解说与宣传的作用。泉州市相关主管机构按照世界遗产展示标识建设的规范，自2017年开始开展遗产点现场标识展示系统的建设和提升工作，其标识展示系统分为二级、三级、四级标识牌。二级标识牌为本遗址的总体说明，三级标识牌进一步说明遗产点内各个遗产要素组成，四级标识牌是在三级标识基础上进一步说明遗址细节。

二级世界遗产标识牌内容包括遗产要素的中英文介绍、总平面图、参观路线、遗产点位置图、二维码等基本要素。总平面图详细标示参观路线。位置图标注了该遗址在 22 个申遗遗产点中的所处位置。二级世界遗产标识牌共 21 块（南外宗正司、万寿塔、市舶司无此标识牌；洛阳桥 2 块）。

二级世界遗产标识牌由于安装时间不同，内容也略有差异。19 块世界遗产标识牌为单面，另一面为空。以草庵、晋江窑址、真武庙为例，草庵是最早放置二级世界遗产标识牌的，中英文介绍之下是草庵的立面图。而晋江窑址、真武庙是后期放置的，文字右边是本遗址的立面图，文字下面是本遗址在 22 个遗址中的位置导览。

清净寺是我国现存最古老的清真寺，伊斯兰教圣墓是中国现存最古老、保存最完好的伊斯兰教圣迹之一。二者是宗教场所，其主指引牌是较特殊的三角柱体，一面为汉语介绍与本遗址总平面图，一面为纯英文的遗址介绍，第三面为本遗址在 22 个遗址中的位置图和遗址名中英文翻译。

三级世界遗产标识牌包括中英文介绍及遗址立面图。四级世界遗产标识牌进一步说明三级标识的细节。目前共有 5 个遗产点设置了三级、四级世界遗产标识牌，共 20 块。其中，只有晋江窑址配置了四级世界遗产标识牌。

晋江窑址的三级世界遗产标识牌内容包括中英文介绍，还有作坊遗址平面图、《天工开物》瓷窑作坊工序图；四级世界遗产标识牌介绍 4 个窑址的具体情况。开元寺、天后宫、文庙、清净寺等 4 个遗产点配置了三级世界遗产标识牌，开元寺的三级标识牌分为 2 种，一种为单面，中文在上，英文在中，还有立面图；另一种是镇国塔和仁寿塔的双面标识牌，一面为中文介绍加剖面图，另一面为英文介绍加剖面图。天后宫、文庙的三级标识牌是中英文加立面图。清净寺的三级标识牌是比较特别的中阿两种文字。

本次调查共收集到二级、三级、四级世界文化遗产点世界遗产标识牌 41 个，除清净寺的 2 块中阿语言的标识牌外，其他标识牌均采用中英文两种语言。

2. 景区标识牌

景区标识牌是为使用者提供游览指引的信息载体。本文所收集到的世界文化遗产点景区标识牌主要标识景区使用功能、服务功能及游览信息。20 个世界文化遗产点日常管理的主体较多，因此景区标识牌有各自的特色。调查共收集到景区标识牌 45 个。

在景区标识牌中，中英文双语占比最大，纯中文的次之，多语言占比较少。纯中文的语言标识分布于草庵、文庙、清净寺、晋江窑址等遗产点，清源山管委会主管的老君岩、圣墓、九日山等3个景区设置的统一指引牌是中、英、日、韩、阿5种文字，石狮万寿塔的主指引牌是中、英、日3种文字，晋江安平桥水心亭介绍为中、英、日、韩4种文字。

3. 景区导引牌

景区导引牌起指引遗产点位置与方向的作用。泉州20个世界文化遗产点都配置了景区导引牌，共51块。老君岩、圣墓、九日山等3个景区的导引牌采用中、英、日、韩4种文字，市舶司、草庵有4块纯中文导引牌。其他39块导引牌文字为中英文双语，书写于不规则柱体之上。

4. 文物保护标志牌

文物保护标志牌是由文物主管单位放置的文物标志说明。泉州世界文化遗产点文物保护标志牌一般为正反面，正面简要介绍文物保护单位的级别名称、公布机关、公布日期，背面说明世界文化遗产点的性质、内容、价值和保护范围。本次调查共收集到文物保护标志牌42块。除九日山、圣墓各有1块有繁体字以外，其他均以简化汉字书写。20处遗产点有16处国保、15处省保、11处市保标志牌，均受到《中华人民共和国文物保护法》《福建省文物保护管理条例》《"泉州：宋元中国的世界海洋商贸中心"世界遗产保护管理办法》等有关法律、法规的保护，属国家所有。

（二）私人标识牌

私人标识牌主要指个人、企业或者私人组织所设的非官方语言景观。世界文化遗产点是官方的文物保护单位，因此私人标识牌在这些遗址相对较少，主要用于登记捐赠名录、捐赠纪念、展示祭祀用物品、通知通告遗产点相关事件。调查共收集到45个私人标识牌，均分布于市舶司、安平桥、草庵、真武庙、天后宫等具有宗教场所功能的世界文化遗产点中。

市舶司是宋元时期专门掌管涉外船舶、贸易以及征税和接待使者的机构，其遗址上兴建了水仙宫，是祭拜玄天上帝、文昌帝君、田都元帅、苏夫人姑的宗教场所。安平桥有"天下无桥长此桥"的美称，桥上兴建了新兴宫、石塔，有佛祖、护桥将军等供人祭拜，因此，私人标识牌也较多。草庵、真武庙、天后宫也具有宗教场所的功能，私人标识牌起到了记录捐赠名单公示、通知通告等作用。私人标识牌上的汉字大多为简繁体混用、手写体印刷体混用。

从文字来看，泉州世界文化遗产点的汉字书写简繁混用，简化字用于书写官方的声明、告示，繁体字用于书写匾额、石碑、石刻的对联和景点介绍。私人标识牌尤其体现了简繁混用的特点，如泉州府文庙石刻的社会各界捐赠芳名是繁体字，而草庵摩尼光佛造像的捐赠芳名是简化字。

综上所述，泉州世界文化遗产点的语言组合类型多元化，能满足多国游客的信息需求。从语种来看，泉州世界文化遗产点官方标识牌以纯中文或中英混合为主，中文占有优势。泉州世界遗产标识牌、景区标识牌、景区导引牌均以中英文为主，不仅展示了泉州在国际化方面所做出的努力和成果，也是向游客宣传文物保护意识的有效手段。私人标识牌主要是为记录或宣传某些临时事件。

四　语言功能

（一）信息功能

泉州世界文化遗产点是公共文化空间。遗产点内的世界遗产标识牌、景区标识牌、导引牌为使用者提供了遗产点历史沿革、位置、参观路线等相应信息；文化保护标志牌标明公布机关、公布日期、保护范围、单位级别、建筑物名称等相应信息，起到展示遗产点基本要素、提供重要信息的作用。而通知通告、捐赠名录等语言景观提示遗产点现时活动、公布即时信息，起到营造温馨氛围、构建和谐关系的沟通作用。

（二）象征功能

泉州世界文化遗产点作为公共宣传的重要窗口，其语言景观映射出该地区的语言地位、语言政策及语言态度。

泉州世界文化遗产点的语言标识牌呈现单语、双语、多语混合的语言类型，纯中文或中英混合为主，日语、韩语、阿拉伯语适当补充的状态。泉州地处闽南腹地，闽南文化根深蒂固，世界文化遗产点闽南方言服务体现在各类标识牌上的扫码功能——线上智慧讲解板块，这折射出国家积极推广普及普通话、强化政府行为的语言政策，也折射出城市在细微之处的温度，反映了城市积极开展对外交流、宣传和推广世界文化遗产城市泉州的意识形态。

五 语言服务

"海丝泉州、美丽泉州、幸福泉州"的建设,让泉州地方经济更加快速发展,也推动了城市更加注重语言服务。城市的公共语言服务及景观的语言文化展示了泉州世界文化遗产点语言服务的特色。

(一)公共语言服务

泉州作为世界文化遗产城市、旅游热点城市之一,对世界文化遗产点进行系统化介绍,导引游客直观理解和便捷游览是十分有必要的。

泉州世界文化遗产点的语言景观提供多语种服务,兼具国际性和地方特色,不仅提供中文服务,还提供英、日、韩等外语服务,清净寺、圣墓还提供阿拉伯语的服务,因此泉州的公共语言服务考虑到了英语的通用性,日、韩等周边国家游客的语言需求,还考虑到阿拉伯世界宗教交流的需要。留住当地居民、守护原味生活始终是泉州文化遗产保护的追求,智慧讲解系统还提供了闽南语导览服务,服务闽南当地居民。官方的语言导览服务不仅考虑到各国家多语言需求,考虑到本地用户需求,还考虑到不会运用现代通信产品进行学习、交流的这类人群口头语言服务的需求,体现了深厚的人文关怀。

(二)语言文化媒介

语言景观是一种文化现象,是文化的载体及交流的媒介。泉州具有深厚的历史文化底蕴,泉州的世界文化遗产点的语言景观展示了中华传统文化的魅力,突出展现了闽南文化、海洋文化的独特魅力。因此可以看到九日山上祈风的摩崖石刻、伊斯兰教圣墓的郑和行香碑、开元寺弘一法师所书"此地古称佛国,满街都是圣人"的楹联、天后宫"摸龟尾吃到有头搁有尾"的"乞龟"闽南童谣等等。世界遗产标识牌、景区导引牌彰显了浓郁的闽南地方特色,也突出了世界海洋贸易中心开放多元、活跃的文化特征。泉州世界文化遗产点以特色语言景观助推文化体验,丰富语言景观的内涵,加强了居民和游客对语言景观的文化认同。

六 结语

泉州世界文化遗产点语言景观的语言类型丰富多元,不仅践行了国家基本的语言政策，还保护与传承了中原文化与闽南文化。语言景观承载着信息功能与象征功能。景点提供的多语种服务，展示了中华传统文化的魅力，突出展现了闽南文化、海洋文化的独特魅力。泉州世界文化遗产点语言景观注重社会需求，地域特色分明，创立了城市语言服务的品牌。

目前，泉州世界文化遗产点语言景观还存在标识系统配置不健全、文化特色不清晰等问题。泉州市文化广电和旅游局正在推进遗产点标识系统建设，积极择址设立世界遗产一级标识，积极完善二级、三级、四级遗产点标识系统。注重语言景观的静态动态和谐共存，进一步完善各类标识牌和导引牌，凸显泉州特色，突出闽南文化和海洋文化的元素，打响"宋元中国　海丝泉州"城市品牌，创建世界遗产保护利用典范城市。

（泉州师范学院　通拉嘎、邹雨桃）

"福娃乡音・泉腔鲤音"：
保护传承闽南方言的新模式

一　引　言

闽南方言及其所承载的闽南文化是中华传统文化的一个重要组成部分。为推动闽南方言的传播与传承，保护闽南文化生态，泉州市首个由党委和政府推动搭建的立体化闽南方言公益研学平台——"福娃乡音・泉腔鲤音"正式上线。

二　平台概况

平台由中共泉州市委宣传部指导，中共鲤城区委宣传部、鲤城区社会科学联合会构建并管理，立足较高政治站位，牢牢掌握意识形态，内容符合社会主义核心价值观。内容上，以国家语委研究型基地——泉州师范学院丝路语言文化研究中心作为学术指导，邀请专业学术团队深度参与平台建设，把关输出内容，严格对照古籍工具书并结合民间风俗日常用语，精心钻研打磨平台，保证内容规范，有出处、有记载。

平台"传承乡音、留住乡愁"，通过"线上自学＋线下交流"的多维传播体系，搭建闽南方言学习平台，旨在打造融学术性、多样性、趣味性，可借鉴、可推广为一体的"县域方言"保护传承新模式。

平台由"福娃乡音・泉腔鲤音"线上小程序和线下"福娃乡音・小小闽南语传承人培养班""'福娃乡音・泉腔鲤音'闽南方言角"构成。小程序设置了初级、中级、高级等功能板块，建立课程自学阵地。"线下交流"主要通过闽南方言角、学习角等营造闽南方言真实、具体的学习环境，举办"小小闽南语传承人培养班"，制作闽南方言读本，制定闽南方言教材手册，延展闽南方言学习空间与范围。

"线上＋线下"的多维学习体系让群众更直接感受到闽南方言及闽南文化的魅力，也让男女老少，无论闽南方言基础深浅，都可以自主学习闽南方言，保护与传承方言文化。

三　线上自学

"福娃乡音·泉腔鲤音"微信小程序以交互性为目的导向，设置了课程、互动、工具三大模块。

（一）"课程"模块

根据音频、视频的分类，"课程"模块分别设置了"侨批乡音""泉腔本字""家风俗语""古韵泉诗""福娃乡音"等十大特色课程，能够充分满足不同群体的闽南方言学习需要。"侨批乡音"特色课程，旨在让海外华侨记住乡音、留住乡愁，强化闽南方言对侨胞的精神纽带作用，进一步筑牢爱国统一战线；"泉腔本字"让用户在会读的基础上，熟悉了解同闽南语音准义同的汉字本字，感受闽南文化的深厚底蕴；"世遗泉州"是以泉腔闽南方言讲授泉州22个世界文化遗产景点的历史与现在，传播闽南方言及海洋文化、海上丝绸之路文化、闽南文化的独特魅力。平台通过自制、合作的方式，举办多种闽南方言主题创作、竞赛活动，实现泉音视频作品的自增长，目前已经上架500多个音频与视频。

（二）"互动"模块

"互动"模块将线上的闽南方言语音词典模块，以"看字辨音"和"听音猜字"的闯关游戏展现出来，寓教于乐，实现学习内容的实时同步。"闽南语传承人培养班""闽南家乡话，和鲤一起学"公益学习班等多姿多彩的互动活动已吸引上万人次报名并参与学习，深受用户的欢迎。互动模块还将进一步增加方言俗语的内容，提升平台内容的交互性与趣味性。

（三）"工具"模块

"工具"模块是以2000个常用汉字为基础建设的、汉字和常用词组对应闽南方言的语音词典，为公众提供"字库查词""搜索查词"等查询服务，并链接相关释义音频，词典内容翔实精确，其功能将在今后陆续优化。其中，府城音"语音词典"属泉州首创，词典囊括 1 万个常用词组、3500 个常用字的闽南方言府城音文白读发音和书写。平台经过一段时间的测试推广，目前已经有 15 000 多名用户。

四 线下交流

方言的保护与传承不仅需要在线上建立学习与互动的平台，更需要搭建真实具体的学习语境。

保护闽南方言，促进方言的活态传承，应当更多关注青少年一代。平台结合福建省"福文化"推广工作，培养青少年传承闽南方言，目前已经开办了多期"福娃乡音·小小闽南语传承人培养班"，通过学习闽南方言日常用语、节庆文化、家风俗语等课程，培养少儿群体对传统闽南文化、闽南方言的学习兴趣，潜移默化地利用闽南深厚文化底蕴，培育少年文明有礼、文化自信、爱国爱乡。通过采用线下集中授课与线上每日打卡巩固相结合的方式，进一步延展学习环境。截至 2023 年年底，已吸引了 200 余名鲤城福娃学员进行线上打卡，收到打卡学员的作业 1200 多份。

"福娃乡音·泉腔鲤音"闽南方言角作为"泉腔鲤音"平台的线下学习点，地址在鲤城区的文化空间和新时代文明实践中心（所、站），通过以点带面的方式，全面辐射辖区内各个街道，充分挖掘全区闽南方言人力资源，积极组织发动"守护乡音"志愿者队伍，常态化开展闽南方言相关文化、研学活动，营造良好的闽南方言使用生态和语言环境，推进闽南方言研学生态产业链延伸，打造闽南方言传承、交流、学习社群。

平台与源和 1916 创意产业园区、刺桐树文化合作，在源和之家职工书屋"福娃乡音·泉腔鲤音"闽南方言角开设"情景式"闽南语教学试点，面向不同地区的 7 到 10 岁零基础的少儿群体开展趣味闽南方言教学。平台还在泉州酒店、华侨大厦、泉州海外交通史博物馆、泉州市博物馆等酒店或博物馆布置了几十台线下触摸终端，方便市民、游客体验闽南方言。据统计，平台用户主要为中青年，其中 30—39 岁的用户达到 50%。用户多居住于福建省，达到 90%，其他用户主要来自广东、浙江和北京等地。

五 结语

"福娃乡音·泉腔鲤音"让线上学习与线下活动立体联动，尊重语言学习规律，提高方言教学的知识性、多元性，全方位焕活闽南方言文化，创新打造了"县域方言"保护传承模式。《人民日报》（海外版）曾专题专版报道《活化闽南方言：留住乡音，唤起乡情》。

平台正在继续完善线上栏目和内容，开发新的互动方式，增加闽南方言日常用语系列短视频，完善文白异读和闽南俗语趣味解读等内容。在线下，平台正陆续开发闽南方言学习教材，组织闽南方言师资力量培训，制作闽南方言读本，编写闽南方言校本课程，实施有效教学，共同推动闽南方言的保护和传承工作，推动闽南方言传播传承成为新常态。

（泉州师范学院　陈燕玲、吴湘霖、潘欣欣）

十年磨一剑：《闽台文化大辞典》

福建与台湾，隔海相望，分处台湾海峡两岸。自古以来，闽台血脉相连，语言相通，习俗相近，文化相同。台湾移民开发史反映的是中华文化在台湾播迁和发展的情况，闽台之间的区域文化简称"闽台文化"，是中华文化的重要组成部分，是两岸人民的情感桥梁和精神纽带。

《闽台文化大辞典》由福建省炎黄文化研究会编纂，是首部全面展现闽台地域文化及其渊源关系的大型工具书，被列为"国家出版基金项目"，2018年获商务印书馆年度最佳图书奖，2019年获"福建省第十三届社科优秀成果奖"一等奖。

一 编纂与出版

1991年，福建省炎黄文化研究会成立，相继开展闽南、闽北、闽都、莆仙、客家等汉民系和畲族文化的研究以及闽台文化关系的研究，出版一套"八闽文化研究丛书"和两部"闽台文化研究"论文集。2004年设立"闽文化系列研究"课题，组织厦门大学、福建师范大学等高校和福建社会科学院学者参与课题，研究成果为"闽文化系列研究"七卷本。在前期研究成果之上，福建省炎黄文化研究会于2008年启动《闽台文化大辞典》编纂准备工作。中共福建省委原副书记、长期主持福建省炎黄文化研究会工作的何少川担任主编，来自高校、研究机构和文化部门的460多位学者参与撰稿、审稿，其中由台湾淡江大学陈冠甫（庆煌）教授和王翠华等多位学者负责台湾文化的内容。

2009年，福建省炎黄文化研究会在编纂可行性和编纂方案上达成共识，正式启动编纂工作，着手编写词目表。2010年，撰写辞典释文。2012年开始，送交部分书稿至商务印书馆。2015年，全部书稿及附录、索引完成，送交商务印书馆。此后，通过福建省委台湾工作办公室审阅和国务院台湾事务办公室两次审稿。2018年6月，《闽台文化大辞典》由商务印书馆正式出版。

2018年8月20日，《闽台文化大辞典》编委会召开会议，回顾编纂历程，总结工作经验，并以此为契机有力地推动闽台文化研究的深入开展。

2018 年 9 月 28 日，福建省炎黄文化研究会与商务印书馆在福州联合举行《闽台文化大辞典》首发式暨赠书仪式。

2019 年 8 月 30 日，福建省炎黄文化研究会与厦门大学国学院联合在厦门举行《闽台文化大辞典》研讨会，与会专家以不同身份，从不同角度和侧重点讨论辞典出版的价值与意义。

二　内容综述

《闽台文化大辞典》是区域文化的综合性大型工具书，反映台湾文化的基本内容，重点介绍福建文化知识以及与福建相关联的台湾文化知识。

辞典正文前收有副主编厦门大学陈支平教授的《闽台文化导论》，概述了闽台文化具有多源复合、二元结构、乡族性、世界性的文化特征，以及在闽台文化氛围下形成的人文特质。这是从学术研究的视角解读闽台文化，读者可以从中获得对闽台文化总体性的认识。

辞典正文共收录条目 15 193 条，上至远古，下迄 2010 年（附录延至 2013 年，少数资料延至 2017 年）。辞典按义类编排，共分 20 卷，具体如下：地理、历史、民族与宗族、思想与学术、文学、语言、教育、艺术、工艺美术与雕塑、出版与传媒、科学与技术、医药卫生与体育、宗教与民间信仰、民俗、饮食、旅游、建筑、文化设施、海洋文化、华人华侨。辞典取闽台"混编"的形式，而不是把闽台文化当作相互独立、相互割裂的两个部分。这对于推进海峡两岸的文化交流，促进祖国统一大业具有积极的现实意义。

辞典正文之后，另附有 15 种附录：《闽台关系纪事》《闽台历代进士表》《福建历代一甲进士表》《福建省列入联合国教科文组织世界遗产委员会〈世界遗产名录〉及〈中国世界文化遗产预备名单〉项目名录》《福建省非物质文化遗产名录》《福建省非物质文化遗产项目代表性传承人名单》《新编闽台同名村镇选录》《闽台文物保护单位名录》《福建省涉台文物名录》《福建省博物馆名录》《台湾博物馆选录》《福建省历史文化名城、名镇（乡）、名村名单》《全国文明城市（福建部分）》《福建省爱国主义教育基地名录》《两岸差异词对应表》。附录内容丰富，是闽台文化相关内容的一种补充，也是这部辞典的有机组成部分。

卷首及卷末收录 120 余幅彩图，意在借助部分富有代表性的事物向读者直观展现底蕴深厚的闽台文化，比如清代福建居民入台路线图及入台分布图、福建方言分布、福建武夷山、台湾阿里山等。

正文之前设有目录、卷目分类索引，正文之后设有音序、笔画索引，便于读者检索。

三　学界评价

林玉山编审称辞典是印证"两岸一家亲"的瑰宝，陈支平教授在卷首的《闽台文化导论》中指出："台湾岛内主流社会文化，无论从社会经济的开发历程、基层社会乡族组织、方言结构、宗教与民间信仰、民风习尚、草根艺术，以至学校教育、儒学教化、民族国家认同等等层面，几乎都是从福建传承而来。"因此，《闽台文化大辞典》的定位是对闽台地域文化的研究成果加以综合性汇总与系统化梳理，采用文化辞典的形式为闽台地域文化的积累、传承与深入研究提供一部可资查考与借鉴的大型工具书，这也是编纂工作所追求的理想目标。

编辑推荐称它"不仅反映时代面貌、反映我国社会主义物质文明和精神文明建设面貌，同时还能够反映我国古代优秀文化的传承面貌，能够丰富广大人民群众的地域文化知识"。周长楫教授说："希望两岸读者通过翻阅辞典，能了解传统文化，了解自己的根之所在，达到心灵上的认可和亲近。"

林其锬研究员评价此书规模宏伟，意义重大：用翔实史实，展现闽台一体，不能分割，不失为反"台独"利剑，并作贺诗一首："十年铸一剑，出鞘鬼怪惊。神龙现真形，日月照汗青。"

福建省政协副主席刘献祥在该书首发式暨赠书仪式上评价道，《闽台文化大辞典》的出版有文化意义和学术意义，也有历史意义和现实意义，更有深刻的政治意义，"功在当代，利在千秋"，也给我们的民族文化宝库留下了一份弥足珍贵的财富。

总而言之，《闽台文化大辞典》的编纂意义重大，既有助于社会各界了解闽台文化的源流关系，也有助于台湾同胞增强对中华文化的认同感，如此宏大的学术工程也将产生深远的社会影响。

（福建师范大学　李春晓、卢毅琨）

福建省汉语方言最大规模的语料汇编
《中国语言资源集·福建》出版

由张振兴担任总主编，王勇卫、陈瑶担任副总主编的《中国语言资源集·福建》，于 2023 年由中国社会科学出版社出版。本书是中国语言资源保护工程（以下简称语保工程）福建省汉语方言调查项目的语料汇编。

2019 年 3 月，教育部办公厅印发《教育部办公厅关于部署中国语言资源保护工程 2019 年度汉语方言调查及中国语言资源集编制工作的通知》，在全国范围内开展资源集编制工作。2020 年，省教育厅牵头成立编委会，开展《中国语言资源集·福建》（以下简称《资源集》）编纂工作。2023 年 7 月完成。

一 调查情况

根据教育部语言文字信息管理司、中国语言资源保护研究中心编《中国语言资源调查手册·汉语方言》（商务印书馆，2015）所规定的技术规范，研究团队开展省内语言资源调查工作。省内汉语方言，主要是闽方言和客家话，此外还有赣方言、吴方言和官话。省内汉语方言调查项目所调查的 79 个方言点，涵盖了福建省的主要方言点。79 个调查点及其方言系属如下：

（一）调查点

1. 闽方言（64 个点）

（1）闽东片（19）：福州、闽侯、长乐、连江、罗源、福清、平潭、永泰、闽清、古田、屏南、宁德、霞浦城关、福安、柘荣、周宁、寿宁、福鼎城关、尤溪。

（2）莆仙片（4）：莆田、涵江、仙游城关、仙游枫亭。

（3）闽南片（27）：厦门、同安、泉州鲤城、泉州洛江、南安、晋江、石狮、惠安、永春、安溪、德化、漳州、龙海、长泰、华安、南靖、平和、漳浦、东山、云霄、诏安、龙岩、漳平、大田城关、大田广平、霞浦三沙、福鼎沙埕。

（4）闽北片（7）：建瓯、建阳、政和、松溪、武夷山、浦城石陂、南平夏道。

（5）邵将片（4）：顺昌、将乐、光泽、邵武。

（6）闽中片（3）：三明、永安、沙县。

2. 客家话（11个点）：长汀、连城、上杭、武平、永定、明溪、清流、宁化、新罗客家、平和客家、诏安客家。

3. 赣方言（2个点）：泰宁、建宁。

4. 吴方言（1个点）：浦城城关。

5. 官话（1个点）：南平延平。

（二）调查对象

每个方言调查点的调查对象有方言发音人4名，方言老男、方言青男、方言老女、方言青女。老年发音人年龄在55—65岁之间，青年发音人年龄在25—35岁之间。方言发音人需要在当地出生和长大，家庭语言环境单纯（父母、配偶均是当地人），未在外地常住，能说地道的当地方言。在地方教育局的大力支持下，各个方言点均找到本地政府所在地的土生土长的理想的方言发音人。有3名地方普通话发音人，若干口头文化发音人。地方普通话和口头文化发音人可由老年男性、青年男性、老年女性、青年女性兼任。

（三）调查内容

1. 概况：包括调查点概况、发音人概况、调查人概况、调查情况。

2. 老年男性：声母韵母声调，单字1000个，词语1200条，语法例句50句，个人讲述20分钟以上。

3. 青年男性：声母韵母声调，单字1000个，个人讲述20分钟以上。

4. 老年女性：个人讲述20分钟以上。

5. 青年女性：个人讲述20分钟以上。

6. 老年男性、青年男性及老年女性、青年女性之一（也可以4位都参加）：对话20分钟以上。

7. 地方普通话发音人：每人用普通话讲述"牛郎和织女"故事及朗读2篇短文。

8. 口头文化发音人：发音人讲述或演唱"歌谣""故事"和"自选条目"，总时长20分钟以上。"歌谣"包括童谣、摇篮曲、民歌等。"故事"包括规定故事"牛郎和织女"及其他故事。"自选条目"包括口彩、禁忌语、隐语、骂人话、顺口溜、谚语、歇后语、谜语、曲艺、戏剧、吟诵、祭祀词等。

单字、词语、语法例句均按要求使用汉字、国际音标进行记音，口头文化条目转写"歌谣""自选条目"1分钟以上，"故事"3分钟以上。所有调查条目均有音频、视频材料，可以登录"中国语言资源保护工程采录展示平台"网站（https://zhongguoyuyan.cn/）在线观看。

二　主要内容

《中国语言资源集·福建》汇集了各调查团队记录的79个调查点的材料。该书分5个分卷，共11册。每个分卷前面都有"前言"，交代或说明本分卷的有关事项，并进行初步的比较分析。

第一分卷是《福建省汉语方言概况》，主编为唐若石。记录福建省79个地点的音系及调查情况，反映了福建省语言资源保护工程的总体概况，也反映了福建省汉语方言的总体面貌，方便于阅读和应用《中国语言资源集·福建》其他分卷的内容。每个方言点的概况主要包括3个部分内容。（1）方言点概况。包括：所在县市的地理位置、行政区划、历史沿革；调查点的方言系属；所在地的汉语方言或少数民族语言情况；本地的方言文化情况；方言调查人员简况。（2）发音人概况。包括：各类发音人的出生年份、主要生活处所、文化程度、职业等情况。（3）语音概况。这是本卷的最主要内容。重点描写和说明各个方言点的老年男性方言发音人的声韵调系统、连读变调和其他音变现象。根据方言老男和方言青男发音人的1000个单字，简要说明新派和老派的语音差别。第一分卷的"说明"部分从共时的角度出发，比较了79个方言点的声母、韵母、声调及连读变调系统。通过比较发现，福建省境内同一方言区的声韵调差别较小，不同方言区之间差别较大。闽方言的声母较少，韵母和声调较多；客家话和赣方言、吴方言、官话方言则声母较多，韵母和声调较少。

第二分卷是《福建省汉语方言的语音》，主编为陈瑶。全卷以语音对照表的形式，对照排列79个调查点1000个单字的方言老男读音。每8个单字79个地点为一组接排，各组都另面起排。该分卷析分为两册。本卷"说明"根据79个点的1000个单字音，分析了福建省境内闽方言、客家话、赣方言、吴方言的语音共同性和差异性。由于福建省内闽方言内部差异较大，分别再说明闽东、莆仙、闽南、闽北、闽中、邵将等6片闽方言的语音特点。

　　第三分卷是《福建省汉语方言的词汇》，主编为林天送。全卷以词汇对照表的形式，对照排列 79 个调查点 1200 个词语的方言老男说法。每 3 个词 79 个点为一组接排，各组都另面起排。析分为 5 册。该卷根据 79 个点 1200 个词语，对比福建省汉语方言词汇的一致性和差异性。先谈闽方言的一致性和各小片闽方言的差异性。由于客家话和闽方言关系密切，在讨论闽方言情况时，同时说明客家话的情况。最后通过与闽方言及客家话的典型代表点进行比较，说明一些闽方言的过渡方言及浦城吴语、南平延平官话方言的词汇特点。

　　第四分卷是《福建省汉语方言的语法》，主编为王勇卫。以"语法句子"对照的形式，按照《中国语言资源调查手册·汉语方言》50 个语法例句的顺序，分别排列每个句子在 79 个调查点里的口语说法。每个句子先写出汉字，然后标注方言读音。个别点的个别句子中的方言汉字进行统一，以尽可能与《词汇卷》保持一致。该卷"说明"部分先简要说明了福建各种汉语方言虚词、句式的一些共同特点，然后分别略谈闽方言语法的特点和客家话语法的特点。

　　第五分卷是《福建省汉语方言的口头文化》，主编是王咏梅。全卷按照 79 个调查点的顺序，列举所记录的歌谣、长篇故事、谜语谣谚等口头文化语料。析分为两册，对口头文化材料进行了必要的核对、更正和补充，并对一些材料进行类别上的调整。该卷的"说明"部分从词汇特点、修辞特点、用韵特点等方面，对所收录的歌谣、谚语等口头文化语料进行分析。

　　福建省是汉语方言最为复杂多样的省份之一，然而一直没有能够全面反映全省方言情况的语料对照表。1956 年至 1960 年，省内首次进行汉语方言普查，根据普查编写了《福建省汉语方言概况》（讨论稿）。该书附录中，有 24 个点的 530 个单字对照表和 21 个点的 352 条词语对照表。此后，在《福建省汉语方言概况》材料的基础上编写的《福建省志·方言志》（方志出版社，1998），所附方言材料包括 68 个点的单字和词语各 110 条。这些对照表所涉及的方言点数量、字词数量均有限，只能看出一些基本特征。

　　《中国语言资源集·福建》是迄今为止福建省汉语方言最大规模的语料汇编。该书的 79 个方言点的海量数据，可以较为完整地反映福建省汉语方言的语音、词汇面貌，从中也可大致看出福建省汉语方言的语法系统基本情况，以及福建省丰富多彩的方言口头文化。

（福建理工大学　林天送）

福州市公共交通播报用语状况

公共交通是城市交通的主要方式，与人们生活息息相关。公共交通中的语言使用是城市语言规划的重要组成部分，也是一座城市语言生活面貌的写照。福州市是福建省的省会，是"海上丝绸之路"门户，也是打造两岸融合发展示范区的重要窗口。本文以福州市为例，调查城市公共交通播报用语状况。

一　调查说明

（一）调查对象

本次调查的公共交通指市内运行的公交和地铁。公共交通播报语言指公交和地铁在运营与服务乘客期间所使用的各类有声播报用语，包括线路介绍、付费方式说明、安全须知等内容。当前的城市公共交通普遍采用无人售票形式运行，在这种情况下，公共交通使用何种语言进行播报，播报什么内容，以及播报用语、播报内容的前后顺序设置，对乘客能否顺利、便捷出行将产生直接影响。

（二）调查范围

调查选取福州市主城区的鼓楼区、台江区、仓山区、晋安区和福州市高新区、大学城的公共交通线路为样本。在公交构成的交通网络中，以各区人流量和车辆班次多的公交总站为节点，选择连接节点的公交线路进行调查，以确保调查线路最大限度覆盖调查区域。总计调查了公交线路48条，站点1351个；地铁线路4条，站点78个。调查时间为2023年6月。

（三）调查方法

采用田野调查的方式深入公共交通一线，观察、记录福州市公共交通播报用语状况。转写、整理录音和记录材料，建设福州市公共交通播报用语信息数据库。

二 调查结果

（一）基本情况

1. 播报用语类型

调查发现，地铁的每条线路、每个站点都使用普通话、英语、福州话3种语音进行站名及相关提醒播报；而公交则以普通话和英语播报为主，福州话参与播报的线路少，同时公交还存在一定数量无语音播报和仅普通话一种语音播报的线路，具体如表1所示。

表1 福州市公共交通播报用语类型

	公交车					地铁
	无语音播报	单语音播报	双语音播报		公交小计	三语音播报
		普通话	普、英	普、福		普、英、福
线路数量	2	2	41	3	48	4
占比 /%	4.2	4.2	85.4	6.2	100.0	100.0

2. 播报用语顺序

如表2所示，地铁中播报语言使用顺序依次为普通话、福州话、英语；公交最多有两种播报语言，其播报顺序为普通话、英语或普通话、福州话。普通话在地铁和公交播报语言使用中都处于优先级别。

表2 福州市公共交通播报用语顺序

公共交通类型	播报语言数量	播报顺序
地铁	3	普—福—英
公交车	2	普—英
		普—福

（二）公共交通播报用语分析

1. 公交播报语言类型

公交在运行与服务乘客期间共使用3套有声语音播报系统：一是车外语音播报

系统，针对车外行人与等待乘车的乘客，包括拐弯提醒、车次提醒等；二是车内针对司机的语音播报系统，包括发车指示、车速提醒、斑马线礼让等驾驶提醒；三是车内针对乘客的语音播报系统，包括到站提醒、付费方式说明、车内行为指导等，内容多样，涉及英语、福州话播报。下面就第三类语音播报系统内容进行分析。

（1）普通话

公交线路普通话播报主要包括 9 项内容，分 3 个时段播报。

第一时段，站点启始后，车辆起步，播报内容有 3 项：称呼语，如"乘客们"；疫情防控提醒，如"请戴好口罩"；付费方式提醒，如"自觉刷卡、投币或出示证件"。

第二时段，站点之间，车辆运行中，播报内容有 3 项：温馨提示与车内行为指导，如"往后车厢移动""坐稳、手扶好""车辆转弯，坐稳扶好，注意安全"；礼让提醒，如"请给有需要帮助的乘客让座"；下一站提醒，如"下一站，浦上大桥西"。

第三时段，即将到站，播报内容亦有 3 项：到站提醒，如"竹榄站到了""终点站鳌峰洲公交总站到了""去往大学城体育中心的乘客，请从此站下车"；换乘提醒，"换乘地铁罗汉山站的乘客请下车"；表达感谢，通常出现在终点站，如"感谢大家乘坐 K1 路公交车"。

以上 9 项内容涵盖了乘客从上车到下车过程中所需要付诸实施和注意的主要事项。

（2）福州话

福州话参与播报的线路有 3 条，其语音播报内容相对简单，仅有"到站提醒"和少量"车内行为指导"2 项内容，如"×× 站到了，请从后门下车""×× 站、地铁 ×× 站到了，请从后门下车"。

（3）英语

公交线路的英语播报内容亦极其简单，仅有"到站提醒"1 项内容，其语音播报模板为"We are arriving at ×× bus stop"（×× 站到了）或者"We are arriving at ×× bus station"（×× 公交总站到了）。

公交线路中采用英语播报的线路有 41 条，除去英语播报不清晰、英语播报中断及无英语播报的站点，共收集到有英语播报的站点 918 个。对 918 个站点名称的英语翻译进行整理，发现福州公交站点的英语翻译方式主要为音译（拼音）、意译、直译及三者的组合。具体见表 3。

表3　福州公交站点名称英译方式统计

序号	翻译方式	数量	占比 /%	示例
1	音译	401	43.7	三叉街—Sanchajie
2	意译	116	12.6	跑马场—the Turf
3	直译	8	0.9	证照中心—License Center
4	音译＋通名直译	197	21.5	葛屿村—Geyu Village 化工路—Huagong Road
5	音译＋通名直译（含方向词）	32	3.5	学府南路—Xuefu South Road 三高路东—Sangao Road East
6	音译＋意译	68	7.4	金晖新村—Jinhui New Residential Quarters
7	音译＋直译	32	3.5	神蜂科技—Shenfeng Science
8	意译＋音译＋通名直译	61	6.6	青洲村口—The Entrance To Qingzhou Village
9	其他	3	0.3	二环路斗门—Erhuan Road Doumen
总计		918	100.0	

如表3所示，音译（拼音）站名数量居首位，占43.7%，也就是说，接近一半的站点直接采用站名的汉语读音。数量居第二位的是"音译＋通名直译"，这种翻译方式在音译的基础上增加通名英译词，以指示站点的功能、场所等。居第三位的是意译，大部分意译站点为学校、医院、纪念馆、动物园等机构单位，这些机构单位通常有固定名称及英语翻译，公交系统直接采用相应的英语翻译。有些站点汉语名称虽为机构单位的简称，但英语翻译依然使用其全称翻译。以上3种翻译方式占调查站点英语翻译方式总量的77.8%。"直译"的翻译方式数量极少，仅占0.9%，这表明福州公交站点较少单独采用"直译"，更倾向采用"音译＋通名直译"方式进行站点名称翻译。

2.地铁车厢的播报语言类型

（1）普通话

地铁服务的客流量大，其普通话语音播报内容比公交复杂，含站点启始后、站点中间、即将到站3个时段，16项内容。

第一时段，站点启始后，有7项播报内容，分别是：寒暄语，如"欢迎乘坐福州地铁"；广告插播语，如"用巴氏鲜奶做儿童面包，糕小生提醒您"；终点方向提醒，如"本次列车终点站××"；下一站提醒，如"下一站××"；开门方向提醒，如"开左侧门"；换乘提醒，如"换乘 × 号线的乘客请准备""前往 ××（地点）的乘客换乘 × 号线"；即将到站提醒，如"前往 ××（地点）的乘客请准备"。7 项内容中，寒暄语、终点方向提醒、下一站提醒、即将到站提醒为每个站点列车启始后的必播内容，其余项目内容则根据两个站点之间的距离、间隔时长选择播放。

第二时段，站点之间，有 4 项播报内容，分别为：车内行为指导与安全提醒，如"上车的乘客请往中间靠拢，不要堵塞车门""请勿在车厢内饮食""列车运行时请抓紧扶手，不要倚靠车门，谨防夹伤"；礼让提醒，如"请给老幼病残孕及有需要帮助的乘客让个座"；文明乘车提醒，如"文明出行，亲近你我，请勿外放电子设备声音"；特定时节祝福语，如毕业季"福州地铁祝福毕业生毕业快乐，胸中有光，脚下有路，奋勇拼搏，不负韶华"，开学季"新学期，再出发，福州地铁愿莘莘学子全力以赴，扬帆逐梦，心有所期，学有所成"。这 4 项内容均为选播项，非每站必播，其中"祝福语"仅为高校站点特定时节才有。

第三时段，即将到站，有 5 项播报内容，分别为：到站提醒，如"×× 站到了""终点站 ×× 到了，前往 ××（地点）的乘客请准备"；开门方向提醒，如"开 × 侧门""请从 × 侧车门下车"；换乘提醒，如"可换乘 × 号线""本站可换乘 × 号线""换乘 × 号线请从左侧车门下车"；温馨提示，如"请注意列车与站台之间的空隙""请所有乘客携带好随身物品""请带清随身物品下车"；寒暄语，如"欢迎再次乘坐福州地铁"。这 5 项内容中，到站提醒、开门提醒、温馨提示为每个站点列车即将到站前的必播项，其余为选播项。

从上文可知，与公交车相比，地铁的普通话语音播报有如下特点：第一，播报内容更加全面，有"安全提醒""文明乘车提醒"等内容；第二，播报方式更加灵活，会根据站与站之间的距离、时间及需要调整播报内容、播报顺序，保证重要信息不漏播；第三，为避免机械重复，相同内容会变化表达，如"即将到站"时段的"开门提醒"与"温馨提示"结合起来有两种表达——"开左侧门，请注意列车与站台之间的空隙""请从左侧车门下车，注意列车与站台之间的空隙"。

（2）福州话

4 条地铁线路每个站点都有福州话播报，但播报的内容尚比较简单，通常为 3 至 6 项内容。表 4 显示了地铁往返路程中的语音播报情况。85.8% 的站点仅用福州话播报 4 项内容，分别为"站点启始"后的"终点方向提醒"和"下一站提醒"，"即将到站"的"到站提醒"和"开门方向提醒"；9.5% 有线路交叉的站点，在"站点启始"和"即将到站"时段分别加入换乘提醒，播报内容为 6 项；终点站无"下一站"播报提醒，仅 3 项播报内容；少数站点在 4 项常规播报项目基础上增加"车内行为指导与安全提醒"福州话播报，有 5 项播报内容。

表4　福州地铁各站福州话播报项数统计

播报项数	3	4	5	6	总计
数量	5	127	2	14	148
占比 /%	3.4	85.8	1.3	9.5	100.0

（3）英语

地铁的英语播报内容与福州话接近，但更为简单。大多数站点英语播报 4 项内容，即"站点启始"后的"终点方向提醒"和"下一站提醒"，"即将到站"的"到站提醒"和"开门方向提醒"；终点站无"下一站"提醒，仅 3 项播报内容；有换乘的站点，有 6 项播报内容。在所有地铁调查站点中，仅 2 号线的五里亭站到紫阳站之间，除了通常播报的 4 个项目，还播报了"车内行为指导与安全提醒"项目，如"Dear passengers, please don't eat or drink in the train; Please hold on the handrail when the train is running"（各位乘客，请勿在车厢内饮食，列车运行时请抓紧扶手），有 5 项播报内容。

表 5 显示，92.3% 的地铁站点名称通过音译方式进行翻译，意译的站点名称仅占 2.5%；音译、意译、直译组合进行翻译的站点名称总计占 5.2%。音译在地铁站点名称翻译中居绝对主导地位，占比远高于公交。

表5　福州地铁站点名称英译方式统计

翻译方式	数量	占比 /%
音译	72	92.3
意译	2	2.5
意译＋音译＋通名直译	1	1.3
音译＋方向＋通名直译	1	1.3
音译＋通名直译	1	1.3
音译＋意译	1	1.3
总计	78	100.0

三 问题与建议

（一）问题

1. 语言服务质量问题

（1）播报语言种类不能满足城市多样化需求。公交线路中，部分车次无语音播报或播报语言单一。

（2）英语与福州话播报内容有待丰富。公交线路中，英语仅播报到站提醒，福州话仅播报站名和换乘提醒，无线路方向介绍、付费方式说明、车内行为方式指导等，播报内容简单。

（3）语言播报设施有待完善。部分公交车次的语言播报声音较低，在车辆运行过程中各类噪声的影响下，播报内容难以听清。受公交定位精准度影响，有些语音播报与车辆运行位置存在偏差，在车辆位置信息延迟、卡顿的情况下，会出现晚播报、漏播报的情况。

2. 语言使用规范问题

主要表现在站名翻译上。同一通名译法不同，例如"桥"有时被翻译成bridge，有时直接音译为qiao；翻译与站点名称含义不一致，"西园路口"被翻译为"Xiyuan Road（路）"，"葛岐村委"被翻译成"Geqi Village（村）"，呈现出复杂的站名被简单化翻译处理现象。

（二）建议

1. 完善公共交通播报语言服务体系，提升语言服务质量

公共交通是一座城市移动的名片，也彰显城市的国际化水平与地方文化特色。第一，公交线路可借鉴地铁的处理方法，根据站点之间的距离、间隔时长灵活设置语音播放内容，兼顾有声语言服务内容的全面性与效率，合理配置语言资源，使本地居民、外来务工人员、境内外临时来客等不同类型人群均能享受到优质的公共交通有声语言服务，适配福州城市发展水平。第二，优化公共交通硬件配置，解决部分公交车次因设备老旧产生的有声语言音量低、清晰度差、信号和语音播报延迟等问题。第三，创新有声语言播报内容，如根据不同时节、不同时段提供不同的播报内容，营造乐观向上的乘车氛围，缓解重复语音播报带来的倦怠感，

提升乘车幸福度。

2. 提升语言使用准确性和规范性

针对当前公共交通站点名称翻译不规范现象，组织专家学者进行校对、修正，听取乘客的意见与建议，对存在问题的站点名称及时进行调整，提升站名翻译的准确性和规范性。

（福建理工大学　周东杰）

闽台民间团体方言文化传承交流活动调查*

国务院办公厅 2021 年《关于全面加强新时代语言文字工作的意见》提出"深化与港澳台地区语言文化交流合作"。2023 年《中共中央　国务院关于支持福建探索海峡两岸融合发展新路　建设两岸融合发展示范区的意见》提出："发挥泉州、漳州闽南语地区台胞主要祖籍地优势，建设世界闽南文化交流中心。"鉴于海峡两岸的历史渊源，福建闽南地区对台交流活动具有区位优势。2000 年以来，台湾地区和闽南地区的方言文化民间团体陆续成立，海峡两岸各自积极开展闽南方言文化活动，在各方支持下，两岸交流活动持续开展。在闽南地区围绕两岸闽南方言文化交流的活动、性质和影响值得关注。

一　两岸方言文化民间团体的成立和交流情况

闽南话是闽南地区和台湾地区的共同方言，承载着两岸闽南人的历史文化记忆，是维系两岸民众文化认同的重要纽带。闽南方言文化交流是增进两岸"同源同语"认同，进而推动两岸融合统一的重要途径。近年来，两岸方言文化民间团体自发成立，开展合作，成为促进两岸融合的民间桥梁。

（一）闽台方言文化民间团体陆续自发成立

台湾方言文化民间团体陆续成立。20 世纪 90 年代，台湾"乡土语言教育"和民间"台语文"活动兴起。一批民间团体也应时成立，多数在台湾地区活动，少数开展了两岸交流。2000 年，民间人士蔡金安成立了文教基金会和闽南话文学出版社，编写出版中学小学幼儿园闽南话教科书和闽南话词典、书籍、报刊、杂志等，还多次主动与大陆闽南地区方言文化民间团体开展友好交流。

"厦门市闽南文化研究会"及其分支社团、相关社团成立。2000 年，"厦门市

---

*　基金项目：2023 年度国家资助博士后研究人员计划（GZC20232455）、教育部哲学社会科学重大课题攻关项目"海峡两岸统一进程中的语言政策研究"（20JZD043）。

闽南文化研究会"（以下简称"厦会"）自发成立，致力于研究传承闽南文化，不大重视闽南话本身。2008 年、2015 年厦门市政府分别出台《厦门市闽南文化生态保护区建设规划》《厦门市闽南文化生态保护区建设办法》，强调闽南话是闽南文化的载体。2010 年，厦门市集美区灌口闽南童谣传习中心和翔安区闽南童谣文化研究会相继成立。2015 年，厦门市海沧区闽南文化研究会成立。2016 年起，"厦会"陆续设立"闽南话传习中心""闽南方言沙龙"和"闽南吟社"分支社团。2019 年，厦门市湖里区文图闽南童谣传习中心成立。2020 年，我国首部地方文化保护专项法规《厦门经济特区闽南文化保护发展办法》将闽南话列为保护名录首个项目，闽南方言文化类社团受到官方和民间更多重视，活动内容和形式更加丰富。2020 年，翔安区、集美区相继成立闽南文化研究会，开展了一系列闽南方言文化相关活动。

漳州市闽南方言文化民间团体陆续成立。2006 年，漳州市闽南文化研究会成立。2015 年，漳州市漳台文化交流协会成立；同年，漳州丹霞书院建立，开始组织闽南话吟诵等活动。2021 年，漳浦县闽南文化研究会成立。2022 年，诏安县闽南文化研究会成立。2022 年，云霄县闽南话音乐交流协会成立，致力于提高云霄县闽南话音乐交流水平。

泉州市闽南方言文化民间团体成立较晚。2016 年，惠安县闽南话文化交流协会成立。2023 年，鲤城区闽南话研究会成立。

无论是民间团体的数量、活动频率，还是活动范围，厦门市都是当之无愧的两岸闽南方言文化交流的主要阵地。因此，以下以厦台交流为主、漳泉与台湾交流为辅来分析交流情况和存在问题。

（二）闽台方言文化民间团体的活动和交流内容更加丰富

2007 年"闽南生态文化保护实验区"设立，厦门成为首个基地。台湾地区方言文化民间团体主动与"厦会"联系，推动了厦门市闽南方言文化在校园和社会的传承活动开展。此后两个团体一直保持交流，厦门方言文化民间团体也因此成为对台交流的主力。漳泉民间团体以市域活动为主，偶尔也组织两岸交流活动。即使在新冠疫情期间、之后以及台湾限制大陆人士入境之后，两岸仍坚持线上交流。以厦台交流为例，两岸活动和交流包括：

第一，师资培训。台湾地区方言文化民间团体主要通过举办民间师资研习、文学营和认证研习等活动培训师资。"厦会"主要协助政府举行讲座和夏令营等培训师资。2008年起，两岸团体牵线在厦举办了多届面向厦门中小学地方课老师的夏令营，请两岸闽南文化专家讲授闽南话和闽南话歌曲、闽南话文学、闽南话古诗吟唱、闽南非物质文化遗产等，还选派部分教师赴台交流。

第二，编写书报。台湾地区方言文化民间团体2008年创办了一份专门探讨和介绍台湾地区母语方言教育的报刊，2011年创办了台湾唯一一份以推广校园闽南话教学为主的报纸。"厦会"在有关教育部门的邀请下负责编写中小幼闽南方言文化教材和闽南文化丛书，还大量创作闽南新童谣，但未独立发行报刊。

第三，文艺表演。交流活动有：2005年至今合办16届海峡两岸"读册歌"广播电视大赛，2011年至今合办11届海峡两岸中学生闽南文化夏令营，均由厦门广电主办。各自开展的活动有："厦会"2017年至今协助厦门广电举办7届青少年讲古电视大赛，2019年至今主办若干场闽南古诗词吟诵大型小型展演；成员常以嘉宾身份到厦门广电或福建其他媒体的闽南方言文化栏目录制节目，有时亦推荐小朋友参加。而台湾地区方言文化民间团体主要是率台湾中小学生参加厦泉组织的表演比赛。

第四，直接教学。台湾地区方言文化民间团体较少直接进台湾中小学授课，但有时会受邀到厦泉中小学推介闽南古诗吟唱。"厦会"成员却经常受邀到厦门市学校、社区和公共文化场所教授中小学生及其家长，比如厦门市湖里区图书馆2015年以来的"闽南语亲子公益沙龙"、厦门市少儿图书馆2016年以来的"我爱厦门话"学习营、思明图书馆2017年以来的"趣味闽南话诵读"和厦门市青少年宫的"青年闽南话班"、部分中小学的闽南话社团以及部分社区的闽南童谣课堂等。

二　闽台民间团体活动助推两岸融合发展

闽台方言文化民间团体的成立都是为了保护传承闽南方言文化，并且一开始即秉持"求同存异"的理念开展友好交流合作，受到了台湾民众、闽南民众和大陆官方的支持，在促进海峡两岸深度融合发展中具有独特的优势。

（一）台湾民间团体保护闽南话的主要动机指向

台湾地区方言文化民间团体，是因迁台闽南后代出于对家乡方言文化的热爱和对祖籍地的亲近，而自发成立的。1987年台湾解严后，民众对日据时期和"国语运动"时期当局限制闽南话的使用不满，自下而上保护闽南话的民间活动盛行，其热情和活跃程度远远超过台湾当局。本文调研的台湾地区方言文化民间团体正是受台湾民众热情、人力、财力支持而成长壮大起来的团体，这些团体一直保持初心，强调两岸闽南话大同小异，着重研究闽南方言文化教学方法，促进两岸文教友好交流。

（二）厦漳泉民间团体活动偏重文化传承且成员素质过硬

第一，厦漳泉民间社团主要是为了配合地方非遗文化传承而自发成立的，且大多是在地方政府支持下成立，活动内容偏重文化传承。第二，社团主要负责人以地方文教事业单位和政府单位退休人员为主，有厦门大学语言学教授、泉州师范学院语言学教授、厦门市原语委办公室主任、"海峡之声"原闽南话播音员等。第三，厦门市如今外来人口过半，漳泉的外来人口占比也逐渐增加，普通话的主体地位已牢固确立，团体成员均持"普通话＋闽南话"的双言观。因此，可以确保大陆民间团体在国家政策法规内开展活动，并能开展正向的两岸交流。

（三）台湾民间团体、厦漳泉民间团体与大陆官方三者间已形成良好互动

两岸方言文化民间团体都是自发成立的，本文调研的台湾地区方言文化民间团体是主动联络"厦会"合作的，这些举动一定程度上代表了两岸民意。"厦会"及漳泉团体和台湾地区方言文化民间团体在切磋交流、共办活动中建立了深厚友谊。"厦会"得到了福建和厦门官方的大力支持，还曾邀张铭清、张世平等两岸问题专家参加活动。厦门市政府还将本文调研的台湾方言文化民间团体创办人评为市级非物质文化遗产闽南方言吟诵项目代表性传承人，所办青少年活动几乎都会邀请台湾地区队伍参加。

三 两岸民间团体存在发展局限

（一）两岸官方的支持力度不均衡不稳定

台湾地区方言文化民间团体未获台湾当局支持，主要靠出版盈利和民间捐赠维持。大陆地区闽南方言文化民间团体受到了相关政府部门的一定支持，但支持力度不够稳定。

（二）两岸团体优秀人才和中青年人才短缺

两岸团体活跃成员基本都是教育程度和文化素质高的退休人士，但其中闽南文化底蕴深厚、方言文学创作能力较强的仍是少数，优秀师资"供不应求"。团队目前的活跃主要有赖于几位主要组织者的管理和投入，随着他们年龄渐长，今后的团体活动可能会减少或停滞。

（三）团体目前影响的地域和人群有限

一方面，从地域看，台湾地区方言文化民间团体活动范围主要在台南；"厦会"活动范围主要在厦门；两个团体的交流活动主要在厦门进行，泉州和漳州较少，团体活动对大陆的影响大于台湾。团体对互联网媒体的宣传也不够熟悉和重视。另一方面，从人群看，参加活动人员多为两岸中小学生，大学生和社会中青年较少，难以触及台湾当局和公共媒体。

四　建议

两岸方言文化民间团体的良性互动，充分说明闽南方言文化是两岸交流的重要纽带，也充分展现了民间团体的独特优势。从两岸民间传承闽南话的热情，可以看到两岸民众珍视母语这一核心愿望，"以民为本"采用自下而上和自上而下相结合的方式，支持民间团体的方言文化交流，增强台湾民众对两岸"同源同语"的文化认同。考虑到两岸民间团体的优势和局限，提出如下建议。

（一）大陆官方加强对两岸民间团体的引导

第一，管理上，在对两岸求同存异和不多干涉日常活动的前提下，提高两岸民间团体的素质觉悟，尤其要注意对台湾地区方言文化民间团体的关注和引领，以情以理以法开展两岸民间友好交流。第二，内容上，将挖掘闽台地域特有文化和弘扬两岸共有中华传统文化相结合，将挖掘闽台历史文化记忆和展示两岸社会发展实况相结合，既要强调过去"同根"，又要强调当下和未来"同心"。第三，宣传上，加强语委部门的介入，统一关键术语，比如称"闽南话""闽南方言"，不称"闽南语""台语"。

（二）确保官方对两岸民间团体的稳定支持

第一，工作稳定对接，可依据福建省和厦漳泉三市关于闽南文化保护发展的相关法律法规专门设立相关部门或人员编制对接两岸官方和民间闽南方言文化交流工作。第二，资源稳定支持，动员相关单位继续积极提供自有资源和便利，以促成活动的常态化多样化开展。

（三）注重培养团体优秀人才和中青年人才

第一，培养优秀人才，可依托团体现有资深专家和传承人资源，遴选提升团体内有基础的成员升级为优质人才。第二，培养中青年人才，可根据相关政策法规完善非遗传承人制度，面向社会、学校等遴选培养中青年方言文化传承人。

（四）扩大两岸民间交流活动的影响范围

第一，扩大影响地域范围，比如：（1）将厦门市闽南童谣创作比赛、讲古比赛扩展为两岸活动，并扩大此类活动在台湾，尤其是台北地区中小学的影响力，还可增加线上活动形式；（2）注意挖掘泉州和漳州的民间潜力，重点支持泉州这一闽南文化重镇民间社团的成立和发展，鼓励厦漳泉民众和青少年参与两岸交流活动；（3）利用官方媒体、国内社交媒体（如哔哩哔哩、抖音、小红书等）、国际社交媒体（如油管、脸书、照片墙等）扩大在海外华侨华人中的宣传力度，为恢复两岸民间正常交流争取国际舆论支持。第二，扩大影响人群范围，比如：将活动主体从青少年扩展至大学生，乃至社会人士；邀请台湾地区有影响力的文化界"统派"人士担任活动评委或嘉宾。总之，要确保活动方式稳妥有效，尽力扩大活动的影响范围，循序渐进加固两岸血脉和文脉联系。

（郑州大学　银晴；厦门大学嘉庚学院　苏新春）

福建县城留守儿童语言使用及语言态度调查*

随着城市化进程及人口流动的发展变化，越来越多的农村留守儿童为接受更好的教育，脱离父母进入县城学校就读，这类儿童可称为"县城留守儿童"。县城留守儿童与传统的"农村留守儿童"及"洋留守儿童"相比，呈现出新的群体特点：他们大多来自农村，长期离开父母到县城求学；大多在校内、校外寄宿（三年级及以上学生可寄宿学校，校外寄宿机构接受各年龄段的留守儿童），少数由祖辈在县城租房照顾。县城留守儿童除上课外，吃、住及主要课余时间都在学校或寄宿机构度过，他们离开家庭所在的语言环境，在父母懂方言的情况下，却缺失了使用方言、感受方言情感的环境。本调查旨在进一步探究县城留守儿童的语言使用情况，分析留守儿童方言情感存续遇到的问题，提出解决措施。

一 调查情况

（一）基本情况

2023 年 4 月，本团队采用问卷调查、深度访谈等方法，在福建省漳州市 H 县 H 小学开展调查。该校是县城典型的留守儿童聚集学校，小学共 24 个班级，1080 名学生，在职教师共有 50 名，学生大部分来自县城周边农村。

（二）调查内容

为保证问卷质量，本次调查问卷全部由老师现场发放、现场回收。问卷包括

* 基金项目：国家语委"十四五"科研规划 2022 年度科研重点项目《台湾语文动态》追踪研究"（ZDI145-50）、2021 年福建省本科高校教育教学改革研究项目（FBJG20210058）。

23 个问题，涉及被调查者家庭基本情况、语言使用、语言态度等。问卷一共发放 450 份，回收 450 份，有效问卷 442 份，问卷有效率为 98.2%。

（三）调查对象

考虑问卷的完成度及学生对某些问题的认知水平，为保证调查问卷质量，本调查样本为该校 3—6 年级学生，男、女生人数相近，具体见表 1。

表 1　县城留守儿童被调查者基本情况（N=442）

性别	人数	占比 /%
男	211	47.74
女	231	52.26
总计	442	100.00
年级	人数	占比 /%
三年级	97	21.95
四年级	111	25.11
五年级	138	31.22
六年级	96	21.72
总计	442	100.00

同时，县城留守儿童父母为当地人的占比较大，父母受教育程度为"初中"的占比最大，约 16% 的父母学历在"小学及以下"。可见，县城留守儿童父母大多为本地人，且学历总体水平比较低，大多为农民和务工人员。大部分留守儿童入学前在乡下或者镇上的幼儿园上学，大部分在一年级开始才进入真正意义上的留守生活。

经过深度访谈得知，县城留守儿童情况复杂，大体分为三大类：第一类，祖辈陪护，父母长期在外务工，或父母离异（部分母亲为外籍新娘）、去世，留守儿童由老人在县城租房陪护；第二类，学校陪护，3—6 年级学生吃、住在学校，晚上在校上晚自习，每周五下课后回乡下过周末；第三类，校外托管，由托管机构提供吃、住陪护及作业辅导服务。这三类留守儿童被陪护的方式略有差异，但与父母都是长期分居，亲子教育存在缺失。

表2　县城留守儿童陪护状态（N=442）

年级	人数及占比	祖辈陪护生	学校陪护住校生	校外托管陪护托管生	合计
三	人数	30	8	59	97
	占比/%	30.93	8.25	60.82	100.00
四	人数	35	13	63	111
	占比/%	31.53	11.71	56.76	100.00
五	人数	51	9	78	138
	占比/%	36.96	6.52	56.52	100.00
六	人数	42	11	43	96
	占比/%	43.75	11.46	44.79	100.00
	合计	158	41	243	442
	总占比/%	35.75	9.27	54.98	100.00

　　进一步调查县城留守儿童的陪护状态可知，被调查者在校外托管陪护人数最多（见表2）。据悉，校外托管除吃、住外还有作业辅导服务，托管时间、年龄更灵活，学生寒暑假也可托管，有较多儿童甚至一整年都被寄托在校外机构，只有过年才能与父母团聚，校外寄宿机构费用相对更高；祖辈陪护人数次之，孩子年纪尚小，外出务工的父母（或单亲父母）常让祖辈在学校周边租住房子，照顾儿童日常起居，消费相对较低，家长放心；选择学校陪护的人数最少，主要原因与托管学生自身复杂的家庭背景及学校托管时间固定有较大关系。选择学校托管这部分学生家庭情况更为复杂，家庭经济条件相对更差（因学校托管有政策补助，费用比校外托管低很多），学生只有周一至周五在学校托管，周末或其他假日回乡下家里。综合考虑儿童的学习环境及灵活的托管时间，54.98%的家长选择了费用高的校外托管机构。

二　结果分析

　　由于大部分县城留守儿童长期在学校及校外托管，长时间脱离闽南方言母语环境，其闽南方言使用情况及语言态度值得关注。

（一）语言使用情况

1. 家庭语言使用情况

县城留守儿童家庭成员主要分出"父母""兄弟姐妹""爷爷奶奶""外公外

婆"4类。家庭语言使用情况见表3。

表3　县城留守儿童与家庭成员语言使用情况（N=442）

交流对象	普通话 （人数／占比）	闽南方言 （人数／占比）	其他方言 （人数／占比）	合计
父母	299	131	12	442
	67.65%	29.64%	2.71%	100.00%
兄弟姐妹	375	57	10	442
	84.84%	12.90%	2.26%	100.00%
爷爷奶奶	134	292	16	442
	30.32%	66.06%	3.62%	100.00%
外公外婆	140	284	18	442
	31.67%	64.25%	4.08%	100.00%

　　县城留守儿童与祖辈最常使用"闽南方言"，与"父母""兄弟姐妹"最常使用"普通话"。福建省自1956年开始推普，留守儿童父母成为推普的受益者，具备说闽南方言和普通话的能力，由于长期在外地务工，使用普通话频率高，加上希望子女学习好，说好普通话，故日常与子女交流更多选择使用普通话。留守儿童与父母聚少离多，约三分之一留守儿童由祖辈照顾，祖辈普通话水平较低，留守儿童与祖辈使用普通话和闽南方言交流，但使用闽南方言的比重大于普通话。

2. 学校及校外托管机构语言使用情况

表4　县城留守儿童语言使用情况（N=442）

交流对象	普通话 （人数／占比）	闽南方言 （人数／占比）	其他 （人数／占比）	总计
老师	434	8	0	442
	98.19%	1.81%	0.00%	100.00%
同学	434	8	0	442
	98.19%	1.81%	0.00%	100.00%

　　如表4所示，在学校及校外托管机构，留守儿童几乎只说普通话，说闽南方言的占比极低。且由表2可知，在学校及校外机构托管的留守儿童人数占了约三分之二，大大增加了留守儿童说普通话的机会，加上学校严格执行推普政策，留

守儿童说方言的机会更少了，留守儿童说普通话的机会远大于说闽南方言的机会，这一结论也在调查数据中得到验证。

（二）普通话和闽南方言听说能力对比

为了更真实地反映县城留守儿童现阶段普通话与闽南方言的现状，我们对留守儿童的普通话和闽南方言听说能力进行了测试。测试采用利克特五级量表方法，让学生从"非常好""比较好""一般""不太好""不好"5个等级对自己普通话和闽南方言的"听""说"能力分别进行自我评价。"非常好"指听、说完全没有障碍；"比较好"指听、说较好，个别听不懂或不会说；"一般"指听、说只会说大部分或者听懂大部分；"不太好"指不太会说，听不太懂；"不好"指不会说、听不懂。具体测试结果如图1所示。

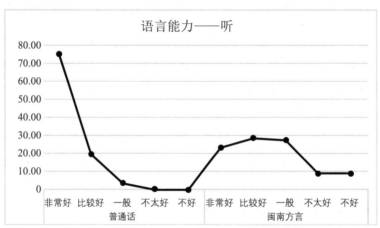

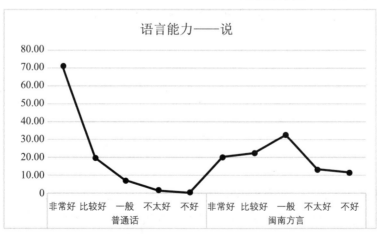

图1　县城留守儿童普通话、闽南方言听说能力对比图（单位：%）

从图 1 可知，认为自己普通话"听"方面"非常好""比较好"的占了 95.25%，普通话"说"方面"非常好""比较好"的占了 91.87%；认为自己闽南方言"听"方面"非常好""比较好"的有 52.95%，"说"方面"非常好""比较好"的仅有 42.54%。留守儿童不管是在农村还是在县城都以闽南方言为主，故不管在农村就读还是县城就读，身边的方言环境并没有发生多大的变化，大部分留守儿童都具备说普通话和方言的多语能力。但图 1 中普通话和方言对比的较大数据差异，尤其是方言"说"的能力较低，认为自己方言说"一般""不太好""不好"的竟有 57.47%，数据说明留守儿童的生活居住环境对他们的方言能力影响较大，留守儿童闽南方言能力退化比较快。而影响留守儿童方言能力退化快的原因主要有：

第一，居住环境变化大，接触和使用闽南方言的环境被压缩。县城留守儿童大多从一年级开始进入县城小学就读，由表 4 可知，几乎所有儿童与老师、同学交流都是用普通话，加上学校明确规定学生在校用普通话，尤其是一、二年级的小学生，加上脱离家庭的方言环境，留守儿童从小学一年级开始进入了"沉浸式"普通话的语言环境。

第二，交流人群以老师、同学为主，几乎全用普通话交流。大部分留守儿童家长在外务工，家中没有老人照顾的留守儿童便长期寄宿在校外机构或学校。通过调查者长期参与学校教学活动观察发现，留守儿童与老师、同学交流均使用普通话。通过访谈得知，即使和老人居住的留守儿童，也常和老人说普通话，因为老人认为跟孩子说普通话对孩子学习有好处。

（三）语言态度

为进一步深入了解县城留守儿童方言退化的原因，我们从亲切度、重要性两方面对其闽南方言的语言态度进行了调查。

表 5　县城留守儿童闽南方言语言亲切度、重要性情况表（N=442）

语言亲切度					
非常亲切	亲切	没有感觉	不太亲切	不亲切	合计
177	181	56	4	24	442
40.05%	40.95%	12.67%	0.90%	5.43%	100.00%
语言重要性					
非常重要	重要	没感觉	不太重要	不重要	合计
194	188	42	5	13	442
43.89%	42.53%	9.51%	1.13%	2.94%	100.00%

从表5可知，81%的留守儿童觉得闽南方言"亲切"，86.42%的留守儿童认为闽南方言"重要"，但在访谈中当问及"是否喜欢闽南方言"的时候，大部分儿童表现得比较冷淡，也越来越不喜欢说方言，这种语言情感上的反差也体现了留守儿童对待方言的一种矛盾心理。

为进一步解释留守儿童方言的矛盾心理，我们设置了"上小学以后，你对以下几种语言的态度变化"问题，尝试从留守儿童对"普通话""闽南方言"的态度变化来寻找答案。调查结果如表6所示。

表6　县城留守儿童入学以后语言态度的变化对比表（N=442）

	更热爱	没变化	淡化了	无法回答	其他想法	合计
普通话	317	112	8	5	0	442
	71.72%	25.34%	1.81%	1.13%	0	100.00%
闽南方言	174	192	44	22	10	442
	39.37%	43.44%	9.95%	4.98%	2.26%	100.00%

表6显示，对于闽南方言的态度，选择"没有变化"的同学最多，39.37%的儿童认为更热爱闽南方言，只有9.95%的儿童认为对于方言的态度"淡化了"。表6并不能直接说明是上了县城小学后，儿童对方言的喜爱程度发生了变化，但可侧面反映出：上学后，留守儿童更热爱普通话的比重确实更高，但对方言的喜爱程度没有明显的直接影响。我们设置了"你同意我们一定要学习闽南方言吗"和"你愿意参加学校开设的方言课和社团吗"两个问题，73.30%的儿童"非常同意"或"同意"学习方言重要，68.78%的儿童"非常愿意""愿意"参加学校开设的方言课和方言社团。因此，学生地域的变化与留守儿童对方言的"喜爱程度"并没有太大的直接影响。

由此，我们可推测留守儿童对待方言"喜爱"程度上的矛盾心理，并非在情感上的真正"不喜欢"，而是因方言使用频率变低、使用范围变小，方言能力弱化后产生的一种心理错觉。但据调查者自述，学生普通话的发音确实受方言影响不小。

三　问题与建议

县城留守儿童为了获得更好的教育资源，"背井离乡"到周边县城更好的小学就读。他们被安排进入学校周边的寄宿机构或直接寄宿在学校，或长期与祖辈在县城租房生活。他们与传统的"留守儿童"一样，长期离开家庭过着与父母分居的生活，在获得了更好的教育资源的同时，不仅面临心灵感情上的缺失，还缺失了使用方言、感受方言情感的环境。这种情感上的缺失同样表现在县城留守儿童对方言"喜爱"程度的矛盾心理上。为了传承地方文化，为县城留守儿童创造继续说方言的语言环境，我们提出以下几点建议。

（一）继续加大推进语言文化助力乡村建设工作

实地考察发现，H县经济发展水平低，就业机会少。家长为子女受到更好的教育，不得不支付高昂的寄宿费支持孩子在县城学校就读，给家庭带来较重的经济负担。为减轻家庭负担，家长不得不将孩子留给老人照顾，自己选择进城务工的方式来增加家庭收入。但离乡离土进城务工的同时，他们同样面临传统文化丢失的代价。相关部门可以带领当地挖掘地方特色文化，开发当地旅游资源，增加就业岗位，吸引更多在外务工人员回乡创业，陪伴子女成长，获得长足说方言的语言环境。

（二）加大宣传力度，精准推进学校语言教育基础设施建设

调查发现，县区学校的基础教育设施与城市相比存在较大差距，相关部门应该加大学校基础设施建设，完善多媒体活动室、语言活动室，完善学校图书馆和语音活动中心的建设，研发可供当地学童语言学习的软件设备，为县城留守儿童提高方言能力及其他语言能力提供更丰富的学习资源与活动场所。

（三）开展城乡姐妹学校共建，吸引当地优秀师资或者师范生在当地任教、实习

留守儿童所在学校普遍存在教师年纪大、普通话不标准等情况，当地相关部门应加强学校教师普通话水平的检测与培训，提高教师的普通话水平，挑选优秀的当地青年教师接受系统的普通话培训课程，提高学校教师整体普通话水平。同时，鼓励引进懂当地方言的师资开展校园方言文化建设活动。

（四）开展"方言润童心"活动，倡导方言进校园，增强学生的方言情感

调查数据显示，大部分县城寄宿留守儿童与老师、同学接触时间长，使用方言的机会和频率变少了。深刻挖掘方言背后承载的文化内涵，教导儿童树立正确的方言观，且通过"方言润童心"活动、方言进校园、在地语言文化社团、特色文化进校园等活动方式激发儿童爱方言、说方言、传承方言的热情。

（闽南师范大学　龙东华、凌韩烨）

"峇厘村"归侨语言适应调查[*]

一　调查背景

双阳华侨农场位于泉州市清源山北麓，1960—1971 年归属晋江县，1971 年至 1997 年 8 月归属泉州市（原鲤城区），1997 年 8 月至今归属泉州市洛江区。前身是"晋江热带作物试验场"，从 1960 年 4 月开始到 1961 年 6 月，先后接待和安置来自印度尼西亚（下文简称印尼）邦加岛、石叻班让、棉兰、苏门答腊岛、巴厘岛等地的归难侨共 5 批，分别安置在阳山、坪山、阳江、南山管理区（现称社区）。其中南山社区的归难侨全部来自巴厘岛，共 473 人，另有 15 位随夫来华的印尼妇女。相同的侨居地背景使得南山社区归难侨回国后能够延续其侨居地语言文化，并形成了具有印尼巴厘岛特色的侨乡文化，当地人自称"峇厘村"[①]。

学界对华侨农场及国内归难侨的研究主要关注归难侨安置政策、归难侨文化再适应、农场经济体制改革等方面，鲜见对于华侨农场这一特殊移民社区的语言生活状况调查。南山社区的归难侨（下文简称归侨）大多数几代之前就生活在巴厘岛，归国时大多不会普通话和双阳华侨农场所在地的闽南话，他们回国后如何进行语言再适应，目前的语言生活状况如何值得关注。

二　调查过程

（一）调查对象

本次调查对象为南山社区归侨安置小区的归侨、侨眷，以归侨为主要对象，

---

* 基金项目：国家社会科学基金项目（23BYY176）。
① "峇厘"是印度尼西亚岛名，今作巴厘。本文调查点的归侨仍沿用"峇厘"的写法。

兼顾侨二代与侨三代。归侨身份的界定以是否持有归侨证来判断。[①] 归侨年龄最大的 92 岁，最小的 62 岁。祖籍地大部分为福建省闽南地区，部分为广东省和海南省；侨居地大部分为巴厘岛，另有零星来自越南和新加坡等东南亚国家的归侨。调查对象的基线资料如表 1 所示。

表 1　调查对象基线资料（N=87）

性别	人数	占比 /%	年龄	人数	占比 /%
男	42	48.28	11—29	12	13.79
女	45	51.72	30—60	33	37.93
			61—92	42	48.28
身份	人数	占比 /%	祖籍地	人数	占比 /%
归侨	42	48.27	福建	74	85.05
二代	25	28.74	广东	7	8.05
三代	20	22.99	海南	6	6.90

（二）研究方法与调查过程

调查采取问卷调查结合半结构式访谈的方式开展。调查问卷共两部分：第一部分是被调查者的背景；第二部分是语言使用相关问题 14 个，包括语言能力、语言使用和语言态度等方面。语码选项包括侨居地语言、普通话、闽南话、祖籍地方言和英语（下文表格中分别简称侨、普、闽、祖、英）。[②] 调研于 2023 年春节至 8 月之间开展，在双阳农场和南山社区有关人员帮助下，多次在南山社区进行调研。考虑到归侨大多年长，故采取入户协助归侨填写问卷的方式开展，最终回收有效问卷 87 份。

问卷调查对象中有 10 位归侨及侨眷自愿接受了后续的半结构式访谈。访谈在预先设计的问题指引下进行，以增强访谈结果之间的可比性，以及与问卷数据之间的匹配度。在征得被访者同意的情况下，对访谈全程进行了录音，总共时长 442 分钟，后将其转写成 109 915 字的文本，以自下而上的扎根理论进行编码。最后将访谈数据与问卷数据相结合进行主题分析。

---

① 有关华侨华人相关概念的界定参见张秀明的《华侨华人相关概念的界定与辨析》，《华侨华人历史研究》，2016 年第 2 期。

② 因为南山社区归侨绝大部分来自巴厘岛，所以文中所谓侨居地语言实际上指的是巴厘话。南山地处泉州地区，当时通行闽南话，当祖籍地方言为闽南话时则优先选择闽南话，所以文中所谓祖籍地方言指的是闽南话之外的方言。

三　调查结果

（一）语言能力

调查结果显示，大部分南山归侨的第一语言是侨居地语言，个别选择"闽南话""侨居地语言＋普通话＋闽南话"的归侨多是回国时年纪非常小，掌握第一语言的环境已处于国内。侨二代第一语言为侨居地语言的占比仍有32%，同时选择"普通话＋闽南话＋侨居地语言"为第一语言的占比也达到了32%。侨三代以侨居地语言为第一语言的情况大幅减少，大部分侨三代的第一语言为"普通话"（占比达到45%）或"普通话＋闽南话"（占比为30%）。因为缺少语言环境，祖籍地方言衰退严重。第一语言习得问卷数据如表2和图1所示。

表 2　第一语言掌握状况

代际	语码占比 /%							
	侨	普	闽	普闽侨	普闽	祖	普侨	闽祖
归侨	83.33	0	4.76	4.76	0	4.76	0	2.39
二代	32.00	12.00	4.00	32.00	16.00	0	4.00	0
三代	10.00	45.00	10.00	5.00	30.00	0	0	0

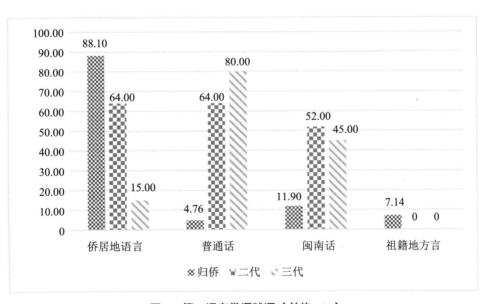

图 1　第一语言掌握状况（单位：%）

　　"目前所掌握的语言"调查显示，大部分归侨和侨二代具有"普通话＋闽南话＋侨居地语言"的多语多言能力（占比分别为76.20%和68%），侨三代则大多只具有"普通话＋闽南话"的多言能力（占比为45%）。总体而言，归侨及侨眷对国家通用语言普通话的掌握状况最好，对侨居地语言的掌握状况代际衰退明显，对当地方言闽南话的掌握情况总体较好，但也呈现了衰退趋势，对祖籍地方言和英语的掌握状况普遍较差。问卷数据如表3和图2所示。

表3　语言掌握状况

代际	语码占比/%									
	普	普闽侨	普闽	普侨	普祖闽侨	普祖侨	普祖闽侨英	普闽侨英	普闽英	普英
归侨	0	76.20	4.76	7.14	7.14	2.38	2.38	0	0	0
二代	0	68.00	12.00	0	8.00	0	0	8.00	0	4.00
三代	10.00	25.00	45.00	0	0	0	0	5.00	10.00	5.00

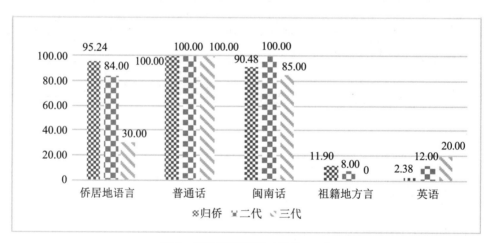

图2　语言掌握状况（单位：%）

　　南山归侨绝大部分来自巴厘岛，并且已是几代生活在侨居地，方言断层现象明显。南山归侨大多以侨居地的巴厘话[①]为第一语言。

---

　　① 印尼约有300种地方民族语言，使用人口较多的语言有爪哇语、巽他语、巴厘语等。并非所有印尼人都掌握印尼语，有相当一部分印尼人只会讲当地的民族语言。不同岛屿之间语言使用状况不尽相同。巴厘岛归侨大多掌握巴厘语，也称巴厘话。

我老家在巴厘岛，在那里我们都讲巴厘话。我祖籍漳州龙海，在家里没有讲漳州话了，因为我们已经是好几代去南洋了，我爷爷都是出生在那边的，他不会讲闽南话。奶奶祖籍不知道了。（20230616 江先生访谈记录，归侨）

到那里后被不同的印尼当地家庭收留。国内的语言就没有得到很好的延续。我们这种侨是"因难过去，送难回来"。我们不是像一整个村好多人过去聚居在一起。我们祖辈过去后就分散了，被当地收留。所以也就第一代还会说祖籍地方言。因为很多跟当地人通婚了，所以他们的下一代，新生的小孩就开始说当地话了。（20230616 郑女士访谈记录，侨二代）

回国后很多归侨既不会讲普通话也不会讲当地方言闽南话，遇到了许多语言障碍，面临着语言适应问题。在政府与农场当地居民的帮助下，归侨克服各种困难，积极适应农场的生活，大多学会了普通话和当地方言。

学了三个月还不会写中国字，我们当时只会讲印尼话。普通话很难很难，我要用印尼文注音才记得住。（20230603 严先生访谈记录，归侨）

老人家刚回来不会讲普通话，比如说母鸡，他不会说母鸡，只会说公鸡，就问公鸡的老婆爱人一斤多少钱？从印尼回来带着打火机，火石没有，不知道怎么说，就说石头出来火。那些老人家刚回来时语言是很吃力的。（20230513 傅先生访谈记录，侨二代）

（二）语言使用

"家庭常用语"调查显示，归侨选择"侨居地语言"为家庭常用语的占比最高（占比为33.33%），其次为"普通话＋侨居地语言"（占比为26.20%）。侨二代选择"普通话＋闽南话＋侨居地语言"的占比最高，达到40%。侨三代选择"普通话＋闽南话"的占比最高，达到35%。侨居地语言在家庭中的使用呈代际衰退趋势，普通话在家庭中的使用呈现明显的上升趋势，闽南话在家庭中占有一定使用频率，祖籍地方言在侨二代和侨三代中几乎已不再使用。家庭常用语调查数据如表4和图3所示。

表4　家庭常用语

代际	语码占比 /%									
	侨	普	闽	普闽侨	普祖侨	普侨	普闽	闽侨	普祖	祖侨
归侨	33.33	11.90	9.52	7.14	4.77	26.20	2.38	0	2.38	2.38
二代	8.00	12.00	8.00	40.00	0.00	12.00	12.00	8.00	0	0
三代	10.00	20.00	10.00	5.00	0.00	20.00	35.00	0	0	0

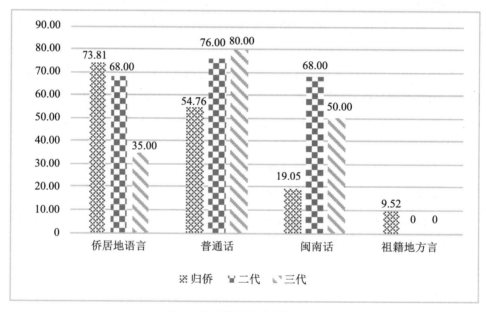

图3　家庭常用语（单位：%）

"工作常用语"调查显示，归侨选择"普通话＋闽南话"和"普通话"为工作常用语的占比都很高（分别为28.57%和23.81%），同时侨居地语言在归侨的工作中仍然发挥着较为重要的作用。到了侨二代，工作常用语则主要为普通话和闽南话。工作常用语调查数据如表5和图4所示。

表5　工作常用语

代际	语码占比 /%						
	侨	普	闽	普闽侨	普侨	普闽	闽侨
归侨	16.67	23.81	4.77	9.52	9.52	28.57	7.14
二代	0	20.00	8.00	12.00	0	60.00	0

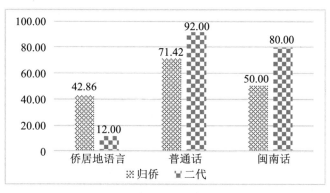

图 4　工作常用语（单位：%）

　　生活场景语言使用调查，设置"和其他归侨侨眷交谈的常用语"和"和双阳本地人交谈的常用语"两个问题。"和其他归侨侨眷交谈的常用语"调查结果显示，归侨与其他归侨侨眷交谈时仍以侨居地语言为最主要的选择；侨二代在与其他归侨侨眷交谈时多语多言的情况较多，选择"普通话＋侨居地语言"（32%）和"普通话＋闽南话＋侨居地语言"（24%）的占比都很高；侨三代的语言选择则以"普通话"（40%）或"普通话＋闽南话"（30%）为主。与其他归侨侨眷交谈的常用语调查数据如表 6 和图 5 所示。

表 6　和其他归侨侨眷交谈的常用语

代际	语码占比 /%					
	侨	普	闽	普闽侨	普侨	普闽
归侨	61.90	7.14	4.77	9.52	11.90	4.77
二代	16.00	8.00	4.00	24.00	32.00	16.00
三代	10.00	40.00	10.00	0	10.00	30.00

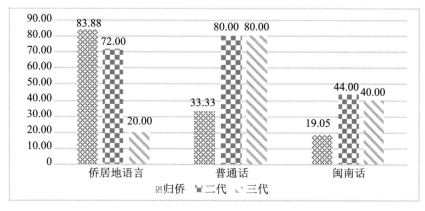

图 5　和其他归侨侨眷交谈的常用语（单位：%）

"和双阳本地人交谈的常用语"调查结果显示，归侨与农场本地居民交谈时使用"普通话＋闽南话"（占比 35.71%）和"闽南话"（占比 28.57%）的情况最常见，侨二代使用"普通话＋闽南话"（占比 48%）的情况最常用，侨三代则主要使用普通话。因为归侨侨眷与当地居民之间的相互融合，侨居地语言在与当地居民交谈中有一定的使用频率。和双阳本地人交谈常用语的调查数据如表 7 和图 6 所示。

表 7　和双阳本地人交谈的常用语

代际	语码占比 /%						
	侨	普	闽	普闽侨	普侨	普闽	闽侨
归侨	9.52	14.30	28.57	2.38	7.14	35.71	2.38
二代	0	12.00	20.00	20.00	0	48.00	0
三代	0	40.00	20.00	0	5.00	35.00	0

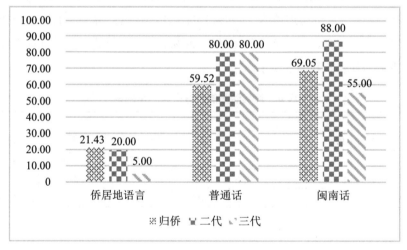

图 6　和双阳本地人交谈的常用语（单位：%）

巴厘话在南山社区的各种场合都具有很高的使用频率，归侨以巴厘话为家庭和社区主要语言，构成了独特的"峇厘村"语言生态。

> 你往我们小区走，可以看到那些老人家基本上都是用巴厘话交流。主要是环境吧，因为我们这边安置得相对比较集中，都是巴厘岛回来的，有语言的环境。（20230616 朱女士访谈记录，侨二代）
>
> 我们小时候全村讲的都是巴厘话，我们当时一船一般全部都是巴厘岛回来的，

当然讲的都是巴厘话啊。整个村都是巴厘岛回来的，没有本地人，没有其他地方人，你说还会讲其他什么话吗？他只能是讲巴厘话。（20230513 傅先生访谈记录，侨二代）

南山社区侨二代因为家庭和社区语言环境影响，大多能以巴厘话进行交流。因为读书与工作的原因，同时也掌握了普通话和当地方言闽南话。但到了侨三代，巴厘话衰退现象明显。

我孩子在家里还是会说巴厘话，但是在外面就说普通话和闽南话。（20230617 洪女士访谈记录，归侨）

年纪更小的三代，很多能听，但不愿意说了。像你和他说巴厘话，他回你普通话。你和他说闽南话，他也能听但也不说。他都能听，但不说了。（20230616 朱女士访谈记录，侨二代）

（三）语言态度

南山归侨对侨居地语言文化具有强烈的认同感，常以"我们巴厘岛""我们巴厘村""我们巴厘话"自称，并以巴厘话为交流工具，通过集体回忆重塑来建构"印尼归侨"这一群体认同与自我身份认同。

我回国时 5 岁，对那边的记忆也不是很深，是听家里人和村里人说，还有电话啊、人员来往啊，慢慢加深印象。（20230616 江先生访谈记录，归侨）

我们巴厘的话，对人的礼貌做是很好，和人说话也不会很大声，都是小小声的。礼貌方面做得很好的。（20230617 洪女士访谈记录，归侨）

我父亲对印尼还有印象。他还记得当时家门口有一棵树，树旁边还有个小池子，他们有沐浴斋戒的习惯。要斋戒时就会在那个池子边走一遍，然后上岸去点香。很多一代老归侨对巴厘岛还有很清晰的记忆。（20230616 朱女士访谈记录，侨二代）

南山归侨大多在巴厘岛还有亲戚，有些家庭还是中印通婚，所以与巴厘岛的亲人至今保持着密切往来。南山归侨大多希望后代能够传承巴厘话，对巴厘话在侨三代中的衰退现象很无奈。

　　我们的想法肯定是希望他们会说一点我们的巴厘话。因为我们还是经常会回巴厘岛，那里还有长辈，看亲戚什么的，也还是要用到巴厘话的。（20230617 陈女士访谈记录，归侨）

　　还是希望孩子会讲巴厘话。我妈妈是印尼人嘛，我还是希望孩子能够保留一些印尼的东西。（20230617 洪女士访谈记录，侨二代）

（四）语言景观

　　南山归侨侨眷通过语言景观、饮食、服饰、歌舞等形式来构建具有印尼巴厘岛特色的归侨社区文化。该社区的官方名称为"南山社区"，但社区居民大多自称"峇厘村"，并于社区入口处立有一方石碑写着"印尼峇厘村 KAMPUNG BALI INDODESIA"。社区大门是巴厘岛标志性的"阴阳门"，旁边是同样颇具巴厘岛特色的四方佛龛。南山归侨侨眷大多保留着印尼饮食习惯，传承了印尼糕点的制作工艺。常见美食如咖喱沙嗲（Sate Kare）、千层糕（Lapis Legit）、花米糕（Kue kukus）、黄金糕（Bikang Ambon）等，在南山的美食街都能品尝到，而且很多餐馆的美食名称都是中文、印尼语双语。

四　结语

　　南山社区多语多言并存，巴厘话是南山社区常用语，归侨通过侨居地语言强调其旅居在外的文化记忆，构建其身份认同。为了适应回国后的生活，归侨同时学会了普通话与当地方言闽南话；部分归侨还保留客家话和广东话等祖籍地方言。归侨与侨眷之间语言代际差异明显，大部分侨二代仍然可以熟练使用侨居地语言，但工作学习中已以闽南话和普通话为主；侨三代的侨居地语言和祖籍地方言水平明显衰退，普通话成为他们的常用语。南山社区独特的语言生态值得引起更深入的思考与研究。

　　第一，开展福建地区华侨农场归侨社区语言生活调查。福建省是全国著名的侨乡，也是安置归难侨最多的省份之一。自 1953 年起至 70 年代末，相继创办了 17 个华侨农场，安置印尼、新加坡、越南等国家和地区归难侨 32 664 人。[①] 归侨社区的多元语言文化生活是福建侨乡文化的特殊标签和独特资源。

---

　　① 福建省华侨农场简介可参见 www.chinaqw.com。

第二，将语言调查纳入侨情普查项目，掌握侨乡语言资源状况。许多归侨社区都是多语多言并存，了解侨乡语言资源状况有利于深入挖掘侨乡特色文化符号、盘活特色文化资源，走特色化发展之路。

第三，做好归侨社区语言规划，保护与传承侨乡语言资源。特别是其中的侨居国语言既是侨乡宝贵的语言资源，也是归侨与侨居地亲人的重要情感纽带。丰富的语言资源有利于侨乡搭建海外交流网络，促进中外文化交流。

（华侨大学　朱媞媞）

闽南方言和他加禄语的双向借词调查*

一　调查背景

　　菲律宾因"其地迩闽"，当地的华人移民以闽南人为主。在闽南人与菲律宾人民共同开发建设菲律宾的过程中，闽南方言与菲律宾当地语言双向接触。他加禄语（Tagalog）在成为菲律宾国语之前，主要通行于大马尼拉地区（Metro Manila），这是华人主要的聚居区，因此大部分华人接触得最多的是他加禄语。"语言借用是语言接触过程中必然产生的语言现象。"[①] 这种现象在菲律宾闽南方言中主要体现在其与他加禄语词汇的互相借用上。词汇学家从共时和历时两个角度对词语进行描写和讨论，从文化遗产的角度挖掘，可以看到许多被遗忘或被忽略的文化内容。[②]

　　菲律宾具有华人血统者超过 1000 万人，保留民族特征和华人意识的约 150 万，占菲律宾人口的 2% 左右。目前菲律宾华侨华人 85% 以上为福建籍，其中又以泉州籍占绝大多数，泉州晋江和石狮籍华人就占闽籍华人的 3/4。华侨华人在菲主要居住于城市，其中大马尼拉地区占 60%，马尼拉也是菲律宾华人的传统聚居地；余下依次为宿务市（Cebu City）、怡朗市（Iloilo City）和达沃市（Davao City）。[③]

　　菲律宾是一个多民族多语言共存的国家，国语是以他加禄语为基础的菲律宾语，官方语言为菲律宾语和英语。他加禄语在其发展过程中，由于语言接触，从其他语言中吸收了不少语汇。菲律宾闽南方言被当地华人称为"咱人话"，意思

---

　　* 基金项目：国家社会科学基金项目（23BYY176）。

　　① 参见苏金智《语言接触与语言借用——汉语借词消长研究》，《中国语言学报》，2014 年第 1 期，第 71 页。

　　② 参见郭熙、雷朔《论海外华语的文化遗产价值和研究领域拓展》，《语言文字应用》，2022 年第 2 期。

　　③ 信息来自泉州市统战部，菲律宾地名沿用福建省侨情普查材料中华侨华人的惯用地名。

是"咱自己人的话"。菲华社会不论其祖籍何处，通用语言为闽南方言。

二　调查说明

作者在 2023 年 8 月和 2024 年 3 月分别赴马尼拉进行田野调查。文中语料除作者调查所得外，主要还采集自"Hokkien Chinese borrowings in Tagalog"（Yap, 1980）[①] 附录中的借词词条和《菲英汉综合字典》（*The Pilipino-English-Chinese Dictionary*, Chen, 1989）[②] 中的词条。文中语料以泉腔闽南方言记音，符号采用国际音标，声调标实际调值。[③] 用字尽量用本字，但一些普遍通行且在民间已定型的训读字和方言字也采用。[④]

三　他加禄语中的闽南方言借词

（一）词义类别

他加禄语中闽南方言借词的范围包括饮食烹饪、亲属称谓、动作行为、道德品行、冶金锻造、工具设备、商业、农业等多个方面，常见的有如下几类。

1. 饮食类：lomi 卤面、misua 面线、bihon 米粉、kintsay 芹菜、pechay 白菜、utaw 乌豆、toge 豆芽、tito 猪肚、tikoy 甜粿（甜年糕）、hopia 好饼（一种馅饼）、siopao 烧包（肉包子）、toyo 豆油（酱油）、ponkan 胖柑（芦柑）等。

2. 烹饪工具类：siyansi 煎匙（锅铲）、tiyam 砧、bilao 米漏（竹筛子）、lansong 笼床（蒸笼）、pohiya 匏桸（用葫芦匏制成的瓢）等。

3. 亲属称谓类：ingkong 引公（祖父）、impo 引婆（祖母）、angkong 安公（祖父）、amah 安妈（祖母）、kuya 哥仔（哥哥）、diko 二哥、ate 阿姊、ditse 二姊、inso 引嫂（嫂子）等。

4. 社会称呼类：lanlang 咱人（咱自己人）、intsik 引叔（叔叔，后演变为菲律

---

① Yap, G. C. 1980. Hokkien Chinese borrowings in Tagalog. Ph.D. dissertation, Australian National University.

② Chen, A. 1989. *The Pilipino-English-Chinese Dictionary*. Manila: SK Publishing.

③ 目前的菲律宾闽南方言以泉腔为主，泉腔内又有鲤城（老城区）、晋江、石狮、南安、惠安等各地口音的差异。传统上以老鲤城区话，即原来的泉州府城腔为泉腔标准，本文也以此为标准进行记音。

④ 如"lan²⁴laŋ²⁴（咱自己人）"这个词，本字是哪两字尚存分歧，文中采用的是广泛使用的"咱人"的写法。

宾人对华人的称呼，本是尊称，但现在带有贬义）、kuwekong 鸡公（公鸡，他加禄语中指皮条客）等。

5. 生活用品类：susi 锁匙（钥匙）、tanglaw 灯楼、tingsim 灯芯、tinghoy 灯火、angpao 红包等。

6. 农工百艺类：hungkoy 风鼓（用来去除秕糠的农具）、lithaw 犁头、kuwatsoy 阔嘴（鹤嘴锄）、suwapan 线板、baktaw 墨斗、kusot 锯屑（刨花）、tanso 铜索（泛指铜制品）、tokoy 桌柜（金银匠专用的工作台）、wayukak 碗壶壳（装硼砂溶液的器皿）、taykong 舵工（掌舵人）、suki 主客（老主顾）等。

7. 服饰类：bimpo 面布（毛巾）、hikaw 耳钩（耳环）、tutsang 头鬃（短发）等。

8. 动作行为类：sabsab 歃歃（原指不停地吃零食，他加禄语中引申为"吃相难看"）、hukbo 服务（他加禄语中引申为"军队"）、suwat 绝（断绝，他加禄语中引申为"训斥"）等。

9. 品行性质类：gunggong 戆戆（愚笨）、pusiyaw 不肖（他加禄语中引申为"苍白"）、buwisit 无衣食（原指人去世后无人供奉，他加禄语中引申为"讨厌鬼"）等。

10. 医疗药品类：kuyo 膏药（特指用于医治脓肿的膏药）、pinse 硼砂、singkak 神曲（一种药茶，用于治疗腹泻、中暑和消化不良等疾病）等。

11. 动物类：guya 牛仔（小牛）、kiti 鸡弟（小鸡）、tanga 虫仔（虫子，引申为"笨蛋"）、suwahe 沙虾、tuwabak 大目（庇隆鱲）、tuwakang 大江（孔氏小公鱼）等。

他加禄语中的闽南方言借词几乎涉及生产生活的各个领域，其中尤以饮食类和称谓类的词汇最多。汉语借词包含了文化、亲属关系和食物等基本方面，这表明它们对菲律宾文化的核心产生了深远的影响。同时，闽南文化也在这种语言接触过程中，融入了菲律宾的多元文化。他加禄语中借入了如此多的闽南方言词语，也印证了闽南早期移民对开发菲律宾所做出的历史贡献。通过华人的引进，中国先进的生产技术成了菲律宾人民生产生活方式的组成部分：铁犁的使用大大提高了粮食的产量，水果和蔬菜的种子被带到菲律宾，华人工匠教导当地人木作、石雕、冶金等制造工艺以及面条、米粉、豆腐等食品的加工技术。

学者们大多认同，在 16 世纪西班牙殖民者统治菲律宾之前闽南方言词汇就已被他加禄语大量借用，这一时期的菲律宾华侨以漳州人为主体。漳州话与泉州话都属于闽南方言，彼此可通话，但二者在读音方面存在一些差异。通过对他加禄语中闽南方言借词进行语音研究，可以发现一些借词带有明显的漳州话色彩。如"引叔 intsik"这个词，漳州话读为 $[in^{44}tsik^{32}]$、泉州话读为 $[in^{24}tsiak^5]$，音节方面的区别主要在韵母，他加禄语中的 intsik 显然带有明显的漳州话色彩。通过语音对比，我们不仅能够归纳他加禄语借用闽南方言词汇的借用方式与语音改造策略，还可以从语音方面为移民史的研究提供证据。

（二）词汇的发展演变

他加禄语中的闽南方言借词有很大一部分至今仍活跃在日常交际中，而且基本保持源词的意义，如饮食类的"pechay（白菜）、toge（豆芽）、lumpia（润饼）"等词，生活用品类的"susi（锁匙）、angpao（红包）"等词，亲属称谓类的"kuya（哥仔）、ate（阿姊）"等词。也有一部分词语词义发生了变化。词义演变主要体现在词义的扩大或缩小、词义引申或转移以及感情色彩变化等几个方面。

1. 词义的扩大或缩小。如"tanso（铜索）"在闽南方言中原指"铜线"，借入他加禄语后现泛指所有的铜制品，词义扩大了。又如"tutsang（头鬃）"在闽南方言中原指"头发"，借入他加禄语后现在的词义特指"女孩子的短发"，词义缩小了。

2. 词义的引申或转移。如"sabsab（歃歃）"在闽南方言中指不停地吃东西，特别指吃零食等非正餐的食物，借入他加禄语后形容"吃相难看""像猪狗那样吃东西"。也有一些词语词义发生了转移。如"pansit（扁食）"在闽南方言中指一种类似于小馄饨的食品，借入他加禄语后指炒面，而且常在 pansit 后面加上地名，比如 pansit Malabon（马拉邦炒面）、pansit Canton（广东炒面）等等。又如"pesa（白煠）"在闽南方言中原指食物放入水中待沸而出的一种烹饪方式，借入他加禄语后指的是添加了姜和米汤煮成的一种鱼汤。

3. 感情色彩的变化。一些闽南方言词语被借入他加禄语后，不仅词义发生了演变，感情色彩也发生了变化。如"intsik（引叔）"在闽南方言中原本是"叔叔"的意思，被借入他加禄语后词义发生了变化，成为指称"中国人、华人"的词；原本是一个表示尊敬的词语，但随着 19 世纪末出现的反华情绪，"intsik"慢慢变成了一个带有贬义的词，与对华人的负面刻板印象联系在一起。

此外，随着社会的发展，一些旧事物、旧现象逐渐消失，指称它们的词语也逐渐退出语言生活。如指称旧的生产方式的 lithaw（犁头）、taykong（舵工，昔时称掌舵人）、tokoy（桌柜，金银匠专用的工作台）等词已很少使用。这些词语虽已逐渐失去了交际功能，但它们对于海外汉语方言研究以及移民史的研究仍具有重要意义。

四　闽南方言中的他加禄语借词

闽南方言在与他加禄语的接触互动中，词汇的借用是双向的，许多他加禄语词汇也进入了菲律宾的闽南方言词汇当中，较早借用的词汇还具有了相对固定的汉字书写形式。

本文所谓的他加禄语借词指的是闽南方言从他加禄语中借过来的词，但不意味着这个词的原始来源一定是他加禄语，也有可能是其他语言的词语被他加禄语借用之后，再从他加禄语被借入闽南方言。如西班牙语的 jabón（肥皂）被他加禄语借用后拼写成 sabon，闽南方言从他禄语中借用了这个词，并进行语音改造读为 $[\text{sap}^5\text{bun}^{24}]$，记录为"雩文"或"雪文"。

（一）词义类别

闽南方言中的他加禄语借词除了人名、地名等专有名词的音译借词外，最常见的是饮食类与日常生活类的词汇。

1. 饮食类：甘仔得（西红柿，他加禄语 kamatis 的音译）、西油地（佛手瓜，他加禄语 sayote 的音译）、夏乐夏乐（一种甜品，他加禄语 halo-halo 的音译）、仙突（一种类似山竹的果子，他加禄语 santol 的音译）、巴薯（马铃薯，源自他加禄语 patatas）等。

2. 日常生活类：大家乐（他加禄语，他加禄语 tagalog 的音译）、雩文（肥皂，他加禄语 sabon 的音译，也常写成"雪文"）、加薄（木棉，他加禄语 kapok 的音译）、描笼（菲律宾国服，他加禄语 barong 的音译）、公班牙（公司，他加禄语 kumpanya 的音译）、武乐刀（一种弯刀，他加禄语 bolo 的音译）等。

3. 地名的译写：早期移居菲律宾的闽南人以闽南方言音译菲律宾地名，形成了一套较完整的地名系统，而且还具有相对统一的汉字译写形式。这些译名广泛流传，形成了这些地名约定俗成的汉译名称。常见的如"吕宋 $[\text{lu}^{22}\text{sɔŋ}^{41}]$""碧瑶 $[\text{pʰiak}^5\text{io}^{24}]$""宿务 $[\text{sɔk}^5\text{bu}^{41}]$""三宝颜 $[\text{sam}^{33}\text{bo}^{24}\text{gan}^{24}]$"等地方的汉译名称，采用的就是闽南方言的音译。

闽粤之人下南洋的历史悠久，东南亚地名最初多以闽粤方言读音译写成汉字，并记载于各类古籍之中。随着汉语标准语普通话的推广，东南亚地名的汉译形式逐渐统一为普通话读音的汉译形式。调查了解东南亚地名的闽粤方言读音的汉字译写形式，能够帮助人们窥见古籍中的地名本源，有助于探究当地社会生产生活史。

（二）词汇借用方式

闽南方言借用他加禄语词汇，根据其借用程度和译借方式主要有"音译""音意兼译"和"音译加类名"3种方式。

1. 音译，即直接的语音借用，选择音同或音近的汉字来记录读音，并进行语音改造以适应闽南方言的语音系统。这也是闽南方言借用他加禄语词汇最主要的方式，大部分他加禄借词如"甘仔得〔kam³³a²⁴tit⁵〕""加薄〔ka³³pɔk⁵〕""沙茶〔sa³³te²⁴〕"等词语都是通过这种方式进入闽南方言的。

2. 音意兼译，即音译兼顾意义。如"halo-halo"是菲律宾一种很受欢迎的甜品，将碎冰、新鲜水果、豆类等食材混合在一起制成，华人将它翻译成"夏乐夏乐〔ha²²lɔk²⁴ha²²lɔk²⁴〕"就很巧妙地做到了音意兼顾。

3. 音译加类名，即音译之后加注一个表示类属的汉语语素。例如"武乐刀〔bu²⁴lɔk⁵to³³〕"的"武乐〔bu²⁴lɔk⁵〕"是他加禄语 bolo 的音译，bolo 在他加禄语中指的就是一种弯刀，借入闽南方言后又加了一个表示类名的"刀〔to³³〕"，构成"武乐刀〔bu²⁴lɔk⁵to³³〕"这个词。

如上文所述，本文所谓他加禄语借词指的是闽南方言从他加禄语借入的词语，但不意味着这个词的原始来源一定是他加禄语，也有可能是其他语言的词语被他加禄语借用之后，再从他加禄语被借入闽南方言。因为词汇借用现象的复杂性，词源的确定往往并不容易。如"雪文〔sap⁵bun²⁴〕（肥皂）"一词，是闽南方言中的一个常用借词，目前几乎所有的学者都认为它是马来语 sabun 的音译。他加禄语中表示"肥皂"义的词语拼写为 sabon，该词语源还可以追溯到更早的西班牙语的 jabón 甚至更早的古法语。

（三）词汇的发展演变

他加禄语借词广泛地使用于菲律宾的华人社区，成了菲律宾闽南方言的一大特色。有一部分他加禄语借词还因为华侨华人与闽南家乡的频繁往来，进入了祖籍地的闽南方言中，如"甘仔得（西红柿）""雪文（肥皂）""加薄（木棉）"等词至今都是福建闽南方言的常用词。而且，因为借入的时间早，使用频率高，人们甚至没有意识到这是一个借词。个别他加禄语借词在闽南方言中还具有很高的能产性，如"雪文"，可以组成"雪文粉（洗衣粉）""雪文水（肥皂水）""雪文盒（肥皂盒）""芳雪文（香皂）""臭雪文（药皂）"等词语。也有一部分借词被普通话词语所取代，逐渐退出了日常生活，如"公班牙"被"公司"取代，"岷尼拉"被"马尼拉"取代。

五　结语

闽南人在与菲律宾人民共同开发建设菲律宾的过程中，语言文化交流互动，闽南方言与他加禄词汇互相借用，促进了各自的词汇系统的发展。根据菲律宾学者的研究，闽南方言借词在 16 世纪西班牙殖民时期之前就已进入了他加禄语；他加禄语借词进入闽南方言的时间也很早，在早期的闽南家书"侨批"和闽南族谱中都有所记载。借用方式上大部分采用的都是音译的方式，借用后进行语音改造以适应各自的语音系统。语义范围涉及生产生活的各个方面，体现了两种语言文化在接触中的交流与融合。词汇借用是语言文化接触和交流的结果，同时也是历史的映射。闽南方言与他加禄语的相互借词中蕴含着丰富的历史文化内容，但随着方言式微，华裔新生代逐渐放弃闽南方言，借词中所记载的历史文化信息面临着逐渐湮没不闻的可能。海外汉语的保护与传承，海外汉语资源的搜集、整理与研究值得引起充分的重视。

（华侨大学　朱媞媞）

漳州九且村留守老人语言生活调查

一 问题提出

漳州市华安县高安镇平东村九且自然村（以下简称九且村）是闽南地区一个典型的空心化村庄，乡村中户数与人数日渐减少。九且村留守老人语言生活状况在一定程度上折射出当前中国农村社会的基本情况。本文通过调查，厘清了九且村留守老人的语言生活状况，掌握了目前此类空心化村庄留守老人的人际关系、精神生活的基本状况，尝试为语言文化助力乡村振兴提供一些观察与思考。

二 调查方法与调查对象

2023 年 2 月 4 日至 8 日，本团队采用录音、手记要点及拍照的方式，访问了九且村老人，同年 10 月进行了补充采访。

调查对象包括 7 户家庭的 11 位 60 岁以上的老人，其中 5 户共 7 位老人在九且村老村原址旧屋生活，另外 2 户的 4 位老人在距老村 1 公里左右的房屋居住。该村庄村民都姓邹，为陈述方便并顾及隐私，暂以"男 1、男 2"或"女 1、女 2"指代被调查者。调查对象信息如下。

男 1，81 岁，初中文化。与女 1 系夫妻关系。5 位子女均在外地。当过 20 多年九且村生产队长。目前仍是村内外中青年的"导师"与"军师"。

女 1，79 岁，文盲。主要负责照顾男 1，不懂丈夫的语言世界与精神追求。

男 2，68 岁，未上过学但坚持自学识字。与女 2 系夫妻关系。育有子女 3 人，儿子生活在附近，女儿出嫁至外地。目前仍在从事农业劳动，同时利用抖音传播乡村生活。

女 2，67 岁，文盲。耳聋。主要负责照顾男 2，不懂丈夫每天热衷的抖音是什么。

男 3，95 岁，读过两年私塾。当过 10 多年九且村生产队长。与女 3 系夫妻关系。育有子女 7 人，与部分子女共同生活在靠近乡道的新屋。与女 3 系调查对象中唯一一对与子女共同生活的老人。

女 3，91 岁，文盲。

男 4，83 岁，文盲。与女 4 系夫妻关系。领养 1 男 1 女。仍坚持从事农业劳动，有子女生活在附近。

女 4，79 岁，文盲。耳聋。

男 5，65 岁，初中文化。结过婚，无儿女，妻子出走，如今独自生活。

男 6，83 岁，读过两年私塾。妻子已逝，独自生活，但有子女在附近。

女 5，69 岁，文盲。丈夫已逝，独自生活。育有子女 3 人，子女生活在附近镇上。

总的来看，11 位老人中，2 人有初中程度文化，2 人读过两年私塾，1 人未上学但识字，其余均为文盲；有 9 人不与子女共同生活，2 人与子女共同生活。

三　九且村留守老人语言生活状况分类

九且村留守老人在一定程度上反映出闽南空心化村庄老年人语言生活状况，较为真实地折射出这些老人的人际关系与精神生活状况。

（一）积极参与类

这类老人与周围人群保持较多的语言交流，积极参与日常村落社区活动，语言生活保持输入与输出双向活跃的积极状态，能运用语言与年轻一辈或社会保持沟通交流，精神生活相对充实。如男 1，子女在外生活，但家中一些较大的事情仍由其做主，"他们还都是要听我的，不敢反对我的意见"，在子女面前仍然保有一定的威望与话语权；当过 20 多年生产小队长，社会活动经验丰富，与已经搬离老村的中青年仍有较多交往，有着共同语言、共同话题，年轻人也乐意找他商量、请教问题，因人们仍然需要自己而感到自豪、自傲；很少甚至不屑于与其他几位老年男性交往，认为他们"跟不上（时代）"。再如男 2，因妻子耳聋缺少交流，但在儿子支持下学会了制作抖音，运用智能手机制作乡土题材抖音内容进行传播。其抖音截至 2023 年 6 月已有粉丝 1100 多人、关注 1400 多人、朋友 581 人、获赞11 000 多个。

（二）悠然自得类

这类老人与周围人群保持中频交流的状态，语言输入与输出均保持良好健康的状态，但话题、内容停留在日常琐事范畴，很少涉及实际家庭问题或社区事务问题的解决，精神状态较为满足。如男3与妻子女3。男3曾经长期当民兵队长与生产队长，现与妻子及部分儿女、孙辈同住。二人喜欢与遇到的人聊天，男3对家人和偶遇的村民仍然愿意发表自己的"指导性"意见。语言生活总体处于悠然自得的状态，这有赖于他们同子女生活在一起，生活上受到关照，精神上并无寂寞无聊之感。

（三）沉默劳作类

这类老人基本不与其他村民进行语言交流，仅与儿女之间保留一定程度的语言输入与输出，内容基本局限在"你要吃饭啊！""知道啦！"一类的日常生活范畴，生活仍以从事农业劳动为核心。如男4，因性格不合与妻子几乎没有语言交流；遇到邻居会打招呼，但基本不会围绕某一话题展开交流。这缘于他与周围人之间基于农业劳作的共同语言基础已经消失，没有了共同话题，逐渐丧失了语言输出的欲求。同时，其未接触抖音等现代娱乐方式，也缺乏语言输入。坚持农业劳作，满足精神需求的成分远远大于满足经济需求的成分。再如女1和女2，她们的日常主要工作是家庭内劳作、照顾丈夫，但与丈夫交流甚少。她们仅在与在外地生活工作的儿女之间通话时有语言的输入与输出。

（四）孤独沉浸类

这类老人基本不与其他村民交往，几乎没有语言交流。其有一定量的来自手机等工具的"单向"语言输入，但没有明显的语言输出需求和实践。如男5，在调查采访时寒暄几句之后随即感觉无话可说，不习惯与他人进行交谈。其语言输入来自智能手机，如抖音与西瓜视频等搞笑搞怪的娱乐内容等，而不是与现实中的人交流、交往，久而久之形成与现实社会交流的障碍。

（五）寂寞怀旧类

这类老人与其他村民交往甚少，但有一定的受教育及工作经历，有机会交流时就喜欢回忆自己往日的情景，重复旧时的话题，希望以此与外界形成共同语言。其有输出语言并获得反馈的希求，但没有太多实现的机会，因而也较难形成与他人的语言互动。如男6，读过两年私塾，并随当年下乡来村的知青学习过识字，可以讲一定程度的普通话，且在同龄人中是为数不多的有过外出打工经历的人，自诩"人家说话我听得懂"。但他不断重复的怀旧话题很难获得同村其他同龄老人的兴趣，也鲜有机会与外来客人交流。他对现代话题有排斥情绪，表示"不懂"，仍然停滞在旧的语言生活状态中。

（六）相互依赖类

这类老人形成相对稳定的群体，在群体内部表现出语言输入与输出的较强烈的需求，但内容上没有新鲜话题与新的信息植入。如女4和女5，女4因为耳聋与女5难以形成真正意义上的语言交流，但二人几乎每日凑在一起泡茶聊天。事实上她们曾经关系并不密切，但如今较为封闭的生活环境与共同的语言交流希求使得彼此形成了较为密切的相互依赖关系，在语言输入与输出希求上形成了事实上的"抱团取暖"。

四　问题分析

6类九且村老人的语言生活状态与精神生活状态各自独立，不同类别老人之间难以产生相互影响。"积极参与类"虽然积极，但其生活状态"单打独斗"，甚至影响不了与自己朝夕相处的妻子，遑论其他类别的老人。这也在客观上反映出老人之间疏离的人际关系。而"悠然自得类"之所以能处于"悠然自得"这样一种理想的状态，是因为其与子女生活在一起，这种生活状态并非所有老人都可以效仿。

空心化村庄中老人人数上的"空心"所造成的寂寞本可由老人之间较为密切的交往交流这种"抱团取暖"的方式予以一定程度的缓解。但在事实上，老人之间人际关系疏离程度严重，这也使得生活在空心化村庄中的老人们不仅要面对人数上的空心化，同时也在面对或者说忍受语言生活直至精神上的"空心化"。

空心化村庄中留守老人为什么未能在精神上"抱团取暖"？因为传统中国"熟人社会"的社会基础已不复存在。传统乡村的"熟人社会"是在长期的、几乎同质的社会生活中自然形成的，而如今老年同龄人之间因做共同的事情而形成的语言交际要素淡化，同龄人的信息来源也不对等，因而彼此感觉无话可说，导致人际关系上的"咫尺性疏离"。再加上多数老人没有与子女生活在一起，围绕日常琐事的语言交流也难以实现。这种语言生活"空心化"所折射出的精神上的"空心化"也在极大地影响，甚至降低乡村老人的生活质量。

五　建议

（一）为留守老人创造适应、参与现代社会的方式与机会

建议在现有村民委员会的基础上，由村内留守老人组成"村民顾问委员会"。现代社会通过这一渠道与留守老人建立起具体、实际且积极的联系，使得村庄内的留守老人能够知晓、参与村庄的公共事务、事项的运营，形成新的语言生活"基础"。有了共同的话语与话题，才谈得上拥有共同的语言，今日乡村的语言生活才有可能活跃起来，乡村留守老人的精神生活才有可能变得丰富。

（二）为留守老人提供相关的技术支持与精神鼓励

相关学者应进一步关注并研究如何给予"积极参与类"等主动向时代潮流靠拢的老人必要的技术支持与精神鼓励，使其发声传播得更远、更有内容、更有荣誉感与带动力，鼓励、带动更多的农村老人积极参与到与现代社会的交流对话中。

从以上两点思考如何改善空心化村庄中留守老人语言生活状况的研究尚不多见，这也是摆在有志于助力乡村振兴的语言学者尤其是社会语言学者面前的极具现实意义的时代课题。

（厦门大学嘉庚学院　曲志强、林　筠）

厦门高校周边饮食类语言景观调查

本文以厦门大学嘉庚学院、集美大学、厦门大学 3 所高校周边 600 例饮食类招牌为研究对象，分析招牌景观中的语言表达形式、语言内容和语言规范。招牌语言景观在高校周边呈现出"多元化组合"的形式特征、"求新求异"的内容特征，以及一定的不规范情况，反映出高校周边饮食类招牌语言景观与一般语言景观的显著差异，具有更鲜明的主体性。

一　研究方法

本研究以实地考察拍摄的招牌为对象，建立"厦门地区三所高校周边饮食类招牌语言景观"语料库，同时参考相关文献中有关厦门地区语言景观的统计数据，力求全面、完整地描写厦门地区高校的语言景观实态。语料库设置了"嘉庚""集美""厦门""综合""字词特征" 5 个表，分别收录嘉庚周边、集美周边、厦大周边、综合语料以及加工后以字词为单位的语料。每个表包含"项目""景观""词长""地点""修辞""类型""地域" 7 个字段，分别统计语料的数量、名称、字数、所处地点、所用修辞、表达风格和受到地域文化影响的情况。修辞包括引用、重叠、双关、仿拟、谐音、对偶 6 个小类；表达风格类型包括吉语型、平实型、个性型 3 个小类；地域文化包含福建文化、国内其他地区文化、国外文化 3 个小类。

二　形式特征

（一）语言类型及语言搭配

1. 语言使用概貌

从语言来看，如表 1 所示，使用单语的招牌数量最多，占 79.0%。其中，又以中文为主，占总招牌的 72.0%。使用英文的招牌，占 5.0%；使用"中文＋符号"者，占 2.0%。嘉庚周边仅使用中文的招牌比例最高，占 86.5%。在双语招牌中，以"中文＋英文"的情况为主，占总量的 19.2%；同时也存在少量"中文＋日文""中文＋泰文""中文＋拉丁文"的招牌。

表 1　三校周边招牌语言使用情况

招牌分类	语言种类	数量 / 占比			合计数量 / 合计占比
		嘉庚周边	集美周边	厦大周边	
单语招牌	中文	173/86.5%	136/68.0%	123/61.5%	432/72.0%
	中文＋符号	4/2.0%	5/2.5%	3/1.5%	12/2.0%
	英文	1/0.5%	10/5.0%	19/9.5%	30/5.0%
双语招牌	中文＋英文	19/9.5%	44/22.0%	52/26.0%	115/19.2%
	中文＋日文	3/1.5%	4/2.0%	1/0.5%	8/1.3%
	中文＋泰文	0/0	1/0.5%	0/0	1/0.2%
	中文＋拉丁文	0/0	0/0	2/1.0%	2/0.3%
总计		200/100.0%	200/100.0%	200/100.0%	600/100.0%

2. 语言取向

图 1　"OF LIFOOD"招牌　　　图 2　"加霸福韩国炸鸡"招牌

一般来说，招牌中的中文更为凸显，位置往往在前面或者上方，字号更大，英文或其他语言则更小，在边缘作为补充。但在收集到的语料中，也有类似图 1 以英文为优先取向的招牌。图 2"加霸福韩国炸鸡 MADE IN JIABAFU"，以中文为主，英文另起一行，作为中文语符的配注出现，很大程度上不提供信息，只是出于提高商店档次或者美化招牌的需要而设置。像这样的招牌，中文以外的语言，大多是指代中文招牌名的翻译或用于表达店铺的独特个性。

（二）语音特征

嘉庚学院、集美大学、厦门大学周边的店铺名主要集中在 3—7 字。4—5 字的店铺名数量最多，其中嘉庚学院周边 4 字招牌比例最高，占 26%；集美大学和厦门大学周边 4 字招牌占比也较高，分别为 22% 和 23%。三地 5 字招牌略少于 4字，基本持平。

嘉庚学院、集美大学、厦门大学周边招牌景观的平均字数分别为 5.74、6.22、6.23，区别不大，也进一步印证了招牌语音上"黄金格"原则的应用。

（三）字词特征

1. 字词频次

商品名用词、用字丰富，是一个开放的系统。本文收集的 600 个招牌，共使用汉字 3040 个，总词数 2238 个，不同的词数共 1134 个，非汉字符号 1684 个。将出现次数大于 20 的词视为高频词，10 至 20 次的视为中频词，小于 10 的视为低频词，发现：三所高校周边招牌景观虽然都属于饮食类店铺，售卖的食品类型、菜系大体相似，但在字词选择上相同的比例不高。在总共 1134 个词中，有803 例词只出现了 1 次，约占 70.8%；出现次数大于 20 的高频词只有 6 例，如"饭""鸡""茶""食"等，约占 0.5%。

2. 店铺名称的构成

高校周边的饮食类店名呈现"去通名化"现象。商家更愿意将业名和属名进行组合，较少选用"铺""铺子""店"等传统意义上的通名。按使用次数排列，有餐厅（13 次）、店（10 次）、集（10 次）、家（9 次）、里（7 次）、屋（7次）、居（5 次）等，均在中低频次，出现次数少。"厅""庄""堂"之类的通名虽然听起来给人一种"气派"的感觉，但在调查中难得一见。相反，一些类似"屋""居"等受到日韩饮食文化影响的通名，以及一些被赋予了求新求异内涵的"集""小店"等名称逐渐兴起。传统通名在高校周边正在被逐渐淘汰。

在高频词和中频词中，出现较多的有饭（39 次）、鸡（36 次）、茶（22 次）、食（21 次）、烤肉（18 次）、海鲜（11 次）等，都属于业名。这表明在高校周边招牌表达的主要目的还是通过字词在形式上的组合达到向顾客传递经营信息的效果。

单从频次来看，属名出现的频次不高。这主要有两个原因：一是诸如"韩国""东北""闽南"之类以地域命名的属名本身体现多元文化，但这种文化象征功能被一些明显带有不同地域特色的菜品、店铺的装修等元素削弱了；二是市场竞争的结果，高校周边相比其他地区，作为招牌主要受众的学生群体对于"与众不同"的追求更高，这也可以解释为何出现次数为 1 次的词占了语料的大部分，使语料呈现一种较少趋同的现象。

三　内容特征

饮食类招牌的内容特征是利用招牌这种语言景观特有的象征功能，在传递基本信息的基础上，表达一些经营信息之外的吸引顾客的元素。

（一）修辞格

3 所学校周边饮食类招牌共出现修辞现象 117 次，占总数的 19.5%。修辞现象在嘉庚学院周边应用最多，有 44 例；在厦门大学周边最少，有 35 例。

重叠或叠音修辞在招牌中最为频繁，如"多米椰椰""可可兔""末末轻食""叽叽扎扎烤场"等。这些重叠的招牌语言有的针对目标客户有意设置，如"多米椰椰"针对爱好椰制品的客户；有的是为了通过业名强化店铺在人群心中的印象，如"可可兔"；还有的不表示具体意义，只是为了延长音节满足"黄金格"原则或者求新求异，如"叽叽扎扎烤场"等。

谐音也是招牌中使用较多的修辞，如"虾想你""公煮拌饭""小辣鸡""咖飞狮"等。谐音不仅丰富了招牌的语言风格，而且通过营造"经验与现实相矛盾"的"幽默感"吸引顾客。此外，也寄托了一些商家主观情感的表达，如"吸客""哇偶""华德来餐厅"等。

招牌景观中还有不少应用其他修辞格的现象，比如使用引用的修辞，引用影视作品和成语如"RuYe 哈利波特餐吧""李香蘭"等；使用对偶的修辞，利用前后的对称达到一种韵律上的和谐，如"非常台非常泰""一日一茶"等。

（二）表达风格

招牌语言的表达风格可以分为 3 种类型：吉语型、平实型、个性型。

吉语型是一种传统的招牌类型。招牌发展到今天，一些商家在起名时也继承了一些追求"吉利"的想法，比如"永客美""乐口福""豪客来牛排"等。这种类型的招牌在高校周边出现次数相比其他类型少很多，这并不是商家不重视言语是否"吉利"，而是它容易被受众与传统挂钩，而学生群体恰恰对这种"传统"没多少兴趣。

平实型招牌可以看作一种功能标志性招牌，主要表现招牌的信息传递功能，是最常见的招牌类型。这一类的招牌大多数为偏正结构的词或短语，中心语即为商家要突出表达的经营业务，如"正宗北京片皮鸭""林嘉御品猪脚饭""厦柠手打柠檬茶""大胡子烤肉""酒拾烤肉"等。这种类型的招牌经常在业名之前加入一些能够起到鲜明区别特征的属名或者修饰语进行修饰，例如"北京御品片皮鸭"的业名是"片皮鸭"。招牌中的定语并不都要求具有区别特征，"酒拾烤肉"中的"酒拾"就利用了"就是"的谐音来吸引顾客。嘉庚学院周围平实型的招牌最多，有134例，占其所有类型招牌的67%；在其他两所学校周边均占48%左右。

个性型招牌倾向于表露个性，这可以看作一种非功能标志性招牌，如"听说""52赫兹""遇见Ta""男朋友嘉""嘢兽"等。这些招牌从内容上往往看不出店铺的主要经营业务，需要结合门面装潢、空间设计等元素进行判断，进而激发受众对店铺经营信息的好奇，达到吸引顾客的目的。

四　不规范现象

高校周边的招牌也存在一些语言使用不规范的问题，这些不规范现象有时会给人们的理解带来偏差。虽然不阻碍招牌信息传递功能的实现，但这样的现象值得关注。

（一）拼写不规范

一些招牌存在拼写错误的现象，如图3的"香芝坊"的拼音"Xiang zai fang"，"芝"的拼音应该是"zhi"而不是"zai"。也有个别招牌存在拼音分写不规范的现象。《汉语拼音正词法基本规则》规定"拼写普通话基本上以词为书写单位"。一些招牌实际上并没有严格遵守，如图4中"JIADEWEIDAO"是中文"家的味道"的拼音，正确写法应该是"JIA DE WEIDAO"。

图3　"香芝坊"招牌　　　　图4　"家的味道"招牌

（二）用字不规范

福建省 2006 年出台的《福建省实施〈中华人民共和国国家通用语言文字法〉办法》（以下简称《办法》）规定：招牌中的用字，提倡使用规范汉字；在公共场所使用繁体字、异体字的招牌，应当在明显的位置配放规范汉字的招牌。但仍有如"黄焖鶏米飯"的招牌将繁体字作为招牌的语言（如图 5），并且没有配放规范汉字，违反了《办法》的要求。共有 9 块招牌含有繁体字，占 1.5%。

图 5　"黄焖鶏米飯"招牌　　　　图 6　"嘢兽"招牌

用字不规范的情况除了未按规定使用繁体字的情况，还体现在方言字的使用上。如图 6 "嘢兽"中，"嘢"字来自粤方言，意为"东西、物体"，不属于规范汉字。还有一些商家使用了不规范的汉字字形，如"花、草"等字中的"艹"字头书写不规范等。用字不规范还体现在民众语言选择与政府语言政策落实之间的偏差。《办法》明确规定，公共场所用字不得单独使用外国文字。然而仍有 5% 是英文单语招牌。

五　结语

厦门地区高校周边饮食类语言景观有其独特的区位特点。一是具有多元化的倾向，倾向使用外文、繁体美术字或变异汉字等展露个性；二是惯常使用修辞手法，着重平实传递经营信息或展现求新求异；三是会受到本身空间表达倾向和地域文化交流、区位条件等因素的影响。这为招牌语言景观规划工作提供了一定的启示。

（厦门大学嘉庚学院　罗轶夫）

厦门日本人语言使用调查

厦门市外来人口众多，其中有大量的外籍人士，这使得当地语言环境复杂。本文深度采访调查了居住在厦门地区的 19 位日本人，旨在从语言服务的角度，呈现在厦日本人的语言使用状况，梳理他们遇到的语言服务问题，提出相应的建议，为相关部门提升语言服务质量提供参考。

一　调查对象及其语言使用情况

（一）调查对象

本次 19 名被调查者具体信息如表 1 所示。在寻找被调查者时为了能够全面呈现在厦日本人的语言使用状况，笔者尽量在性别、年龄、来厦时长和身份等要素上做到覆盖面广、兼顾各种情况。调查方式上，其中 15 人为面对面或电话的口头采访，其余 4 人通过邮件进行问卷调查。为了让被调查者充分理解调查内容，两种调查方式均主要使用日语。调查内容主要包括语言选择、语言态度和语言使用三方面。

表 1　19 名被调查者具体信息

性别	男性	13
	女性	6
年龄	29 岁以下	8
	30—39 岁	2
	40 岁以上	9
来厦时长	5 年以下	12
	5—10 年	3
	10 年以上	4
在厦身份	高校教师	7
	企业工作人员	4
	学生	8

（二）语言使用情况

1. 以汉语和日语为主，基本不使用英语

表 2 显示了 19 名被调查者的汉语沟通能力。总体上，有 10 名被调查者具备较高的汉语沟通能力，日常听说基本没有障碍；4 名被调查者具备中等程度的汉语沟通能力，能听懂并表达大部分的意思，听不懂的内容比例在 20% 至 40% 左右；其余 5 名被调查者只会简单的问候语，基本不具备汉语表达能力。

表 2　被调查者汉语沟通能力一览表

汉语沟通能力		较高	中等	很弱
性别	女性	4	2	0
	男性	6	2	5
年龄	29 岁以下	6	2	0
	30—39 岁	1	1	0
	40 岁以上	3	1	5
来厦时长	5 年以下	7	2	3
	5—10 年	0	2	1
	10 年以上	3	0	1
在厦身份	高校教师	3	2	2
	企业工作人员	1	0	3
	学生	6	2	0
合计		10	4	5

从性别来看，女性被调查者中有 2/3、男性中有近 1/2 汉语水平较高。男性中也有近四成汉语水平很弱。相较而言女性总体汉语水平高于男性。

从年龄来看，29 岁以下的学生群体汉语水平明显较高，30 岁以上的工作人群汉语水平因人而异，汉语水平较弱的集中在 40 岁以上年龄段。

从来厦时长来看，汉语水平较高的除了 5 年至 10 年这个阶段之外，其余的时间段均有分布。5 年至 10 年这个阶段的被调查者汉语水平有中等的，也有较弱的。来厦时间长短与汉语水平高低没有呈现出有意义的逻辑关联性。

从在厦身份来看，学生群体的汉语水平明显较高，其次是高校教师，企业员工的汉语水平最弱。原因比较明显，留学生群体必然会学习留学国家的语言，而高校教师均是从事与语言相关的工作，并且因为高校日语专业的学生多是从零起点开始学习日语，高校聘用的外籍教师多具备一定的汉语能力，但企业对外籍员工大多没有语言方面的硬性要求。在厦身份参数呈现的规律特征与年龄参数呈现出的特征可相互佐证。

调查显示，具备中上汉语能力的被调查者即使遇上自己不太熟悉的话题也会尽量使用汉语表达。不具备汉语表达能力的被调查者大多在工作上使用日语，在生活中借助他人的帮助或翻译软件进行沟通。他们均是来厦工作者，他们的同事里有掌握日语的中国人，工作上可以使用日语；生活中比较重要的场景多有同事陪同进行翻译，不重要的场景多借助翻译软件。

有4名被调查者表示日常沟通会尽量使用汉语。1名日本留学生的英语水平比汉语水平高，她表示即使遇到运用汉语沟通比较困难的时候，也努力使用汉语，而不是英语。3名在企业工作的日本人表示，虽然自己不会汉语且英语水平能够进行日常交流，但是在工作中使用日语，日常生活中借助翻译软件进行汉语交流，均不会使用英语。只有1名来厦5年以上未满10年且完全不会汉语的日本人表示偶尔会使用英语进行沟通，但使用频率很低。

在厦日本人的日常使用语言以汉语和日语为主，尤其留学生对汉语显示出较高的兴趣和学习主动性，而作为全球第一外语的英语并不受在厦日本人青睐。

2. 汉字未能发挥"帮助沟通"的作用

日语和汉语都有汉字，本次调查提出了"在沟通出现困难时是否会尝试使用书写汉字的方式来解决？"的问题。结果显示，汉字没有起到"帮助沟通"的作用。相反地，有2名高校教师表示汉字有时会引起误解。如，他们看到"面包"会以为是"像书包、钱包这样的某种包"，不理解为什么食物会叫"＊包"，但知道"面包"的正确含义之后又感慨汉语中"面包车"的说法形象、生动。有1名被调查者认为汉语的表达有时候比日语更"委婉暧昧"，例如官方公布的文件、通知中常常使用"调整"一词来表达"变更"的含义。他认为"期末考核方式由线下调整为线上"的表述不明确，"线下考核"和"线上考核"是两种不同的考核方式，应该使用"变更"而非"调整"，"调整"仅能表示"基本工作方式不变的前提下对部分细节进行改变"的含义。

3. 没有学习闽南方言的愿望

厦门属于闽南方言地区，日常生活中遇到当地人使用闽南方言的概率很高，但所有被调查者均表示不会闽南方言对生活没有影响，因为"没有遇到过只会说闽南方言不会说普通话的中国人"。被调查者同时也都表示没有学习闽南方言的想法。有 1 位男性，妻子是福建晋江人，经常使用闽南方言。如果妻子用方言与他人聊自己比较熟悉的话题，他能听懂一部分。他也是被调查者中唯一一位能听懂部分闽南方言的，但他也没有想过要学习闽南方言。另一名日本女性，丈夫是厦门人，与其亲戚经常使用闽南方言，但该女性虽然已在厦门生活了 17 年，却依旧听不懂闽南方言。

有 1 名来厦工作未满 5 年的被调查者认为日本人不学闽南方言的原因主要有两个：一是闽南方言受众人群没有粤方言广，并不是外国人想学习的优势方言；二是缺少合适的闽南方言教材。

4. 母语日语有"简化""退化"趋势

有 5 名被调查者表示自己的日语有"简化"的趋势。部分被调查者表示，为了让自己的母语不"退化"，会有意识地去学习新词语、接触新信息。出现这一现象的被调查者共有 5 名，具有两个共同特征：一是来厦时间长，其中最短的 3 年（加上在中国其他城市生活时间，该调查者来华时间超过 10 年），最长的 15 年，平均来厦 8 年；二是均为工作身份，4 名是高校教师，1 名是企业员工。

在厦工作的日本人周边多有懂日语的中国同事，但这些同事的日语水平参差不齐。这些被调查者为了迎合周边同事的日语水平，会刻意使用简单的词语和语法，时间久了自己的日语也变得"简单直白"，较难的日语词语因为长期不用会出现"话到嘴边想不起来"的现象。来厦时间较长的被调查者，尤其是在高校从事日语教学的被调查者表示，为了维持自己的日语水平，会有意识地阅读、观看日本的新闻、书籍和影视剧、综艺节目等，以补充新的语言信息。

二　对汉语的态度

（一）认为汉语发音特征鲜明

大多被调查者认为汉语发音特征鲜明。

第一，有 6 名被调查者认为因为汉语有四声，抑扬顿挫十分明显，加上中国人说话嗓门大，说汉语给人"很强势"的印象，听起来"像在吵架""命令对方"。与厦门男性结婚的被调查者表示，当她和丈夫吵架时喜欢用汉语，因为汉语的气势更能表达她的心情。而与晋江女性结婚的被调查者则表示，与妻子的日常对话主要是汉语，吵架时他会选择用日语，避免表达失误造成误会，加剧矛盾。

第二，有 2 名被调查者认为汉语每一个字的音拍相较日语更长，听上去比较"顺滑（なめらか）"，这是相对于日语发音"音拍短、节奏快"而产生的感知。

第三，有 1 名被调查者认为中国方言种类多，出生地不同的中国人说的普通话会有不同的"地方腔调"，中国人相互之间往往能通过这种"腔调"判断出对方的出生地，这对于方言较少、区别不大的日本人来说是很有趣的现象。

其他的被调查者对汉语发音特点没有特别的感受。调查没有发现他们对汉语发音特点的认识与性别、年龄、来厦时长及身份等要素呈现有意义的相关性。

（二）喜欢汉语词汇

在厦日本人对汉语词汇的主要印象是"很有意思""很方便"。他们认为汉语的谐音梗和流行语"很有意思"，如篡改原唱歌词的搞笑歌曲，用谐音书写广告标语、宣传口号，以及日常生活中出现的"520""1314"等谐音词汇、"PYQ（朋友圈）""NPY（男朋友）"等说法。他们会刻意使用这类词汇"秀一下自己的汉语水平"。还有 2 名留学生喜欢如"流量""排毒""很精神""别发呆"等词语，认为这类词语能"很方便"地表达自己的想法，但在日语中找不到对应的词语，只能用句子进行说明。

此外，有 3 名学生提到了汉语的四字成语。汉语的四字成语有一部分传入日本，在日语中有相似的表达方式，但不同的是汉语原本的"四字"到了日语中成了"句子"，例如汉语的"枪打出头鸟"是日语的"出る杭は打たれる（直译：冒出来的桩子要被敲打）"，"入乡随俗"是日语的"郷に入っては郷に従え（直译：入乡之后遵从乡村〔的礼节习俗〕）"。还有一部分汉语的四字成语在日语中没有相似的说法，这部分主要是通过句子解释的形式来翻译，如汉语中的"人山人海"用日语只能表达成"人がたくさんいる（即：有很多人）"或者是"人ごみ（即：人群）"，缺乏汉语四字成语的生动与凝练。具备一定汉语知识的日本人能够领悟四字成语的精妙，认为"十分有趣"。

调查发现，认为汉语有趣的主要是汉语水平中上的学生和高校教师，他们因为学习和工作的关系，对语言比较敏感，会下意识地比较汉语和日语表达方式的异同。

（三）认为汉语使用习惯与人际关系密切相关

中国人面对不同谈话对象表现出的不同的谈话态度让在厦日本人感受到文化

的差异。在日本，人们会礼貌并热情地对待陌生人的问路，语言上多会使用"敬体"或更客气的"敬语"。相比之下，中国人往往对陌生人的态度比较"冷淡"，但如果有机会聊上一会儿，态度会出现很大的转变，熟悉了之后热情度又远超日本熟人之间的热情。有3名被调查者表示欣赏中国人喜欢开玩笑的个性，认为"中国人总是在笑""非常开朗"，这和拘谨的日本人有很大区别。例如中国人在参加工作会议时，多会在会议开始之前聊家常，开一些无伤大雅的"小玩笑"，但日本人绝对不会这样，他们一旦进入会议室等工作空间，即使会议还没有开始，也会切换成严肃的工作状态，不会聊题外话、开玩笑。这3名被调查者是高校老师，年龄在50岁以上，这个年龄段的日本人如果在日本工作，工作氛围一般严肃紧张，同事下班之后也大多无私交，因此对中国人轻松的工作氛围、人际关系感受比较深刻。而学生因为年龄和身份的特殊性，缺乏这样的对比机会。

另外，有2名被调查者认为中国办事人员的工作态度"很随便"，如派出所、银行的工作人员不仅身体姿势比较"随意"，还会在服务对象面前与同事聊到"午饭"等与工作无关的话题。

三 问题与建议

（一）问题

1. 在厦日本人在日常生活中存在两种语言使用困难的场景，一种是与公安或交警的交涉，另一种是与快递员的交流。被调查者感觉与公安、交警的交流会因为话题生疏、氛围多比较紧张等导致自身听力能力下降；与快递员的对话因为对方赶时间、语速快、多有方言口音，很难听懂。

2. 部分被调查者表示会有因为语言使用引起负面情绪的问题。8名被调查者表示刚到厦门时，因为身边没有可以自由使用日语的日本朋友而产生"精神疲惫感"，但多会随着时间淡化、消失，逐渐习惯汉语环境，最终对汉语"没有特别感受了但也不可缺少"，像"空气"一样。可见，语言的使用不仅仅是沟通效率和效果的问题，还与人的主观情绪相关。1名来厦工作14年的被调查者出身日本关西，这位被调查者来厦之后，因加入了厦门的某个棒球俱乐部，在俱乐部里结识到日本同乡，有了定期使用关西话聊天的机会，很好地消除了精神紧张和疲惫，"刚来厦门时语言上感到的压抑没有了"。另1位来厦不满5年、来华时间超过10

年的被调查者表示，因为日常缺乏使用日语聊天释放自己精神压力的机会而有轻度抑郁。

3. 翻译软件、智能小程序、网络等现代信息技术为被调查者们解决了许多语言沟通的问题，但缺乏具有地域特色的相关软件。

（二）建议

1. 交警、公安领域的语言服务态度可更加灵活，提升面向外国人士公务服务的国家形象。快递公司可引导快递员常备手机翻译软件，或进行常用外语句子的学习。

2. 呼吁有关涉外单位更多关注语言使用带来的精神层面问题，多为在厦日本人创造互动的平台和机会，帮助他们交友、生活、娱乐、工作，提供通过语言维护心理健康的服务。

3. 建议技术部门加强打造具有地域特色的各类生活软件，更有针对性地提升语言服务质量，提升在厦日本人乃至更多外籍人士的生活幸福指数。

（厦门大学嘉庚学院　王　娟）

厦门闽南方言与文化进校园

为了贯彻《国务院关于支持福建省加快建设海峡西岸经济区的若干意见》（2009）、《海峡西岸经济区发展规划》（2011）和《文化部关于加强国家级文化生态保护区建设的指导意见》（2010）等文件"关于建立闽南文化生态保护区"的精神，福建省政府和厦门、泉州、漳州三地政府先后分别制定了关于本地闽南文化生态保护区的规划，并制定了实施措施，认真贯彻执行。

闽南方言是闽南文化的载体，闽南文化脱离不了闽南方言，二者相依相存、密不可分。说闽南方言，就包括闽南文化；说闽南文化，也同时包括闽南方言。要做好闽南文化生态保护区的保护与传承，就要同时抓好闽南方言与闽南文化的保护与传承。

一　闽南方言使用现状

闽南方言长期以来是闽南地区人们生活中最重要的语言交际工具。近几十年来，尽管由于普通话的推广和普及，闽南地区讲普通话的人也越来越多，但闽南方言仍然是闽南地区占据优势地位的语言工具。随着改革开放和建设的发展，厦门外来人口剧增，在中心市区，外来人口（包括暂住人口）所占比例已跟本地人口相当。为了沟通的方便，普通话的地位大大提升，闽南方言的地位大不如前。

我们曾在厦门市做过两个关于闽南方言现状的调查，一个是厦门双十中学高一班的 50 位学生，这些学生的家庭祖籍是闽南地区或者家里有说闽南方言的长辈。以 100 个闽南方言中最常用的词语做问卷调查，结果是没有一个同学能完全听懂或说出这 100 个常用词语，只有不到 1/3 的同学能听懂或说出 60% 到 80% 的词语，有一半以上的同学听或说的词语还不到 50%。另一项调查是找了闽南籍且长期居住在厦门的一家三代人，老大爷 82 岁，儿子 56 岁，孙子 30 岁。调查者用 1000 条闽南方言常用词语做现场问答，老大爷可以听懂 95% 的词语，能说出 92% 的词语；儿子能听懂 78% 的词语，但能说的只有 62%；孙子能听懂的词语仅

46%，而能说出的词语还不到 40%。

两项调查显示，这半个多世纪以来，厦门市已由原来闽南方言占优势地位的方言地区转变成普通话与闽南方言并存的双语地区，闽南方言的消退速度相当惊人。如不加强树立对包括闽南方言及文化在内的"保护传承中华优秀传统文化，建设社会主义经济、文化强国"的使命感与紧迫感，积极做好保护、传承闽南方言与文化的工作，闽南方言与文化将面临加速消失的危险。

二　保护与传承闽南方言与文化的基本理念

厦门市政府认为，闽南文化是在社会历史发展过程中以闽南地区为代表形成的具有鲜明地域特色的体现闽南人文的精神财富和物质财富。保护、传承和发展闽南文化，跟传承中华优秀传统文化、弘扬社会主义核心价值观、增强文化自信、促进文化和社会的繁荣发展是一脉相承的。必须在党的领导下，坚持政府主导，充分发挥政府的职能，广泛发动群众参与，以人为本、活态传承，保护优先、科学利用，因地制宜、整体保护，交流互鉴、开放包容，分类指导、创新发展。

基于这样的理念，市政府在多年摸索、实践和总结经验的基础上，遵循有关法律、行政法规的基本原则，于 2015 年 9 月发布第 159 号令《厦门市闽南文化生态保护区建设办法》(以下简称《办法》)。《办法》第五条规定：市、区人民政府建立闽南文化生态保护区工作领导协调机制。市、区文化主管部门负责闽南文化生态保护区建设的具体牵头协调工作。《办法》第二十八条规定：文化、民政等主管部门和街(镇)应当开展闽南文化进社区活动，实施社区文化提升工程。《办法》第二十九条规定：支持市语言文字管理部门开展闽南方言水平测试工作。市属电视台、电台等媒体应当开展闽南方言新闻播报、制作闽南方言专题节目。鼓励市民学习闽南方言，公共场所、公共交通工具应当逐步推广普通话和闽南方言双语广播。《办法》第三十二条还规定：支持机关、企事业单位以及其他社会组织与台、港、澳及境外的单位和个人开展闽南文化交流活动，共同保护、传承和发展闽南文化。鼓励开展以闽南文化为内容的有关活动，建立 21 世纪海上丝绸之路沿线国家和地区的交流合作平台。

2017 年年初，中共中央办公厅、国务院办公厅印发了《关于实施中华优秀传统文化传承发展工程的意见》，要求各地区各部门结合实际认真贯彻落实。文件指出，要"大力推广和规范使用国家通用语言文字，保护传承方言文化"。厦门既是国家首批经济特区，又是副省级市，可有部分立法权。2020 年 4 月，厦门市人大常委会通过《厦门经济特区闽南文化保护发展办法》。这是我国首部地方文化保护专项法规，对厦门市闽南文化保护发展进行关键性制度设计。这不仅使厦门市闽南文化保护发展工作有法可依，也为全国文化生态保护区建设管理开辟出一条依法治理的新路子。

三　闽南方言与文化进校园的工作举措

闽南方言在厦门地区正面临着严重衰退的现象。这不单表现在儿童这一群体里，也表现在中青年群体中，甚至在不少老年人中，也丢失了许多生动丰富、精彩地道的闽南方言词语与文化。闽南方言作为闽南人的母语，长期以来，都是通过家庭父母长辈的代代相传、沿袭而传承的，是人们在长期的社会生活中习得与积累而获得的。现在社会环境的变迁和许多家庭长辈自己连闽南话都讲得不好或大不如前，不少人多讲普通话少讲闽南方言，希望他们带动少年儿童学会学好闽南方言与文化是有困难的、不现实的。闽南方言的保护和传承是一项系统工程，少年儿童是国家的未来，也是学语言（方言）、长知识、学做人的重要时期。因此，从小抓起，从学校抓起，借助学校的阵地和力量，加上家长和全社会各方的配合，是保护、传承闽南方言与文化的一种重要补救措施，也是根据当前实际做好闽南方言与文化保护传承工作的关键。因此，《办法》第二十五条规定："市教育主管部门应当组织编写闽南话和闽南文化相关读本，开展闽南方言与文化进校园活动。鼓励幼儿园、小学、初中、高中、中等职业学校将闽南文化列入校本课程，市属高校在相关专业开设闽南文化研究课程。"这一规定逐渐成为人们的共识。市教育局和语委办课题组在厦门市 31 所幼儿园、小学和初中进行《闽南方言与文化》乡土教材编写与教学试点，认真总结，制定了关于闽南方言与文化进校园的文件，提出了具体执行的办法与措施，初步制定了分期分步实施计划，即先于两年内在全市的 100 所学校（幼儿园、小学、初中）扩大试点，接着在全市 200 所学校即占全市 1/4 的学校里铺开，之后再扩展至全市一半的学校，预计 10 年左右，做到闽南方言与文化进校园的工作全覆盖。这样稳扎稳打，既可使闽南方言与文化进校园的工作做得实在而有效果，又可使闽南方言与文化的保护传承呈现出生机勃勃的好势头。

1. 政府主导、加强领导是确保闽南方言与文化进校园工作落实的根本

厦门市成立了闽南文化生态保护区领导小组，由市文化局、教育局、财政局等十几个部门的领导组成，市委常委或市府领导挂帅任组长。领导小组制定了《厦门市闽南文化生态保护区规划》。各区相应成立了领导小组，定期开会研究并解决事关全局的重大问题。这几年，市教育局语委办主要是制定闽南方言与文化进校园的工作规划并抓好落实，文化部门和市非遗保护中心则抓好全社会保护、传承闽南方言与文化的工作，民政部门协助抓好社区的保护传承工作，各学校的校长亲自落实。实践证明，语言文字工作事关全民大事，各级相关部门必须加强领导，才能落实到位。

2. 提供财力支持、落实资金到位是做好闽南方言与文化进校园工作的保证

闽南方言与文化进校园牵涉的面广，必须要有财力的支撑。经市闽南文化生态保护区领导小组的协调，市财政局每年都拨出一定数额的专款给教育局语委办，作为开展闽南方言与文化进校园的师资培训、教材建设等有关工作的补助，例如举办教师培训班和组织教材编写出版的经费，所编写出版的乡土教材《闽南方言与文化》由政府资助并免费发给学生学习，扶持闽南方言与文化传习项目和活动的开展等。

3. 采取"三结合"办法，开发课程教学资源，编好《闽南方言与文化》系列乡土教材

教材是实现闽南方言与文化进校园并取得实效的保证。没有教材，如同无米之炊，教师怎么传授，学生怎么学呢？因此开发课程教学资源，抓好教材建设，是一项刻不容缓的工作。过去没人做过这项工作，因此，教育行政部门与语委办成立了《闽南方言与文化》系列乡土教材编委会，在市闽南文化研究会的协助下，聘请有关专家与中小学、幼儿园有经验的骨干老师参加。编委会制定了教材编写的总原则、目标与要求，规划幼儿园、小学到初中各阶段的学习内容，要求"能让学生初步掌握 5000 个闽南方言词语，800 句日常对话，初步了解闽南文化各方面的基本内容"等等。经过编委会全体成员的辛勤工作，陆续编写出版了适用于幼儿园、小学、中学的《闽南方言与文化》的系列乡土试用教材共 12 册，并配有教师教学参考用书 3 册以及教学光盘。许多试点校还通过教学实践，组织本校教师，编写适合于本地本校的补充教材或资料，逐步完善闽南方言与文化校本课的资源建设。

4. 加强师资培训，建设师资队伍

教师是教学的中坚。现在各校的教师队伍中，外地来的教师不少，有的甚至占了本校教师人数的一半，这些教师基本上不会说闽南方言，也不了解闽南文化。

哪怕是闽南籍教师，也多因年纪较轻，闽南方言说得不好。要他们教好学生，是相当困难的。为了迅速组织教师上岗，厦门市、区两级教育局和语委办近几年利用每年暑期，连续举办市、区两级《闽南方言与文化》课程教师培训班，聘请包括来自闽南地区和中国台湾的有关专家上课，传授教学闽南方言与文化的经验和方法。几年来，先后举办了各种教师培训班 15 期，累计培训教师近 2000 人次，在一定程度上提升了闽南方言与文化的教学水平，也提高了学校开展闽南方言与文化活动的质量。不少学校在开展闽南方言与文化的工作中，还创造了许多行之有效的方法，如成立教学集体备课小组或临时教研室，开展专题教研、教学观摩、经验分享，以提高师资水平和获得较好的教学成效。有的学校还创造了把闽南方言与文化融入各学科的教学方法，如语文课的古诗词教学，在用普通话教学的同时，也教学生用闽南方言诵读；音乐课融入闽南话歌曲的教唱；体育课把富有悠久传统的闽南少年拳等体育活动作为教学内容之一。有的学校还规定了每周有一至两天的闽南方言与文化活动日。不少学校更是通过开展闽南话童谣、讲古、答嘴鼓、闽南话歌曲表演和比赛，组织参访闽南名胜古迹、先贤纪念馆，品尝闽南食品等来激发学生学习闽南方言与文化的热情和兴趣，营造了学校浓郁的闽南方言与文化氛围。还有的学校创新校内外师资聘用的机制。2016 年，《闽南话水平测试大纲》出台。厦门在全市开展闽南方言水平测试，首期报名参加测试的有 220 多人，不仅在全市掀起了学闽南方言的热潮，还通过考试选拔了 60 多位闽南方言水平较高的教师和社会人士为闽南方言水平测试的测试员，并把这批骨干分期分批推荐到一些学校担任闽南方言与文化进校园的教师或辅导员。

5. 建立监督考核机制，推动工作落实

依据厦门市政府颁布的有关规定，把开展闽南方言与文化进校园工作情况，纳入对教育主管部门和学校的绩效考核内容。加强监督检查，建立激励机制，对工作表现突出的管理人员和教师在评优评先等方面给予适当的倾斜。此外，还评选了闽南方言与文化的基地校、示范校，每两年表彰一批闽南方言与文化进校园的先进校和先进工作者，激励学校和教师的积极性和创造性。

6. 组织和协调社会各方面力量，调动各方面的积极性，为闽南方言与文化进校园服务

厦门市的电视台常年设有《闽南通》专栏节目，播出闽南童谣、讲故事、答嘴鼓、高甲戏、歌仔戏和南音、趣味闽南话等节目。厦门广电集团连续 15 年举办海峡两岸"读册歌"（童谣）汇演，每次都有数千人参与，中国台湾一些中小学校也组队参加，相互观摩切磋，经过从初赛、复赛至决赛层层选拔，在社会上产生了很好的影响。

各报纸也经常报道宣传闽南方言与文化进校园的优秀事迹、相关经验，使这一工作在百姓中扎下了根。文化部门则组织各曲艺戏曲的专家和演员进校园帮助建立各种兴趣小组，并进行辅导。非遗保护中心还组织各种民间工艺和文体艺人，如剪纸、漆线雕、拍胸舞、农民画、武术等非物质文化遗产代表性传承人进校园，教授和辅导学生学艺练武，为各非遗项目的传承培育新苗；组织与中国台湾、马来西亚等地的学校开展校际交流。

由于厦门市把闽南方言与文化进校园的工作做得生动活泼、气氛浓烈，不但调动了本地学生的积极性，也使外来人员的家长及其子弟消除了担心学不来或跟不上的思想负担。不少学校因采取了分班分程度的办法初步解决了这个矛盾，更由于许多学校在教学方法上创造发明了许多适合学生程度和培养学生兴趣的生动活泼的教学方式，使许多外来子弟很快就与本地学生融为一体，认真学习，积极参加各种闽南文化的活动，家长也很支持。

四　问题与建议

厦门市开展闽南方言与文化进校园的工作取得初步成绩，但也存在一些问题。

一是语言法条的修订问题。现行的《中华人民共和国国家通用语言文字法》（以下简称《语言文字法》）规定："国家推广普通话，推行规范汉字。"该法第十六条写道："本章有关规定中，有下列情形的，可以使用方言：（一）国家机关的工作人员执行公务时确需使用的；（二）经国务院广播电视部门或省级广播电视部门批准的播音用语；（三）戏曲、影视等艺术形式中需要使用的；（四）出版、教学、研究中确需使用的。"显然，整部法律未提到"保护传承方言教育"的相关内容。

因此，应根据社会形势发展，特别是2017年中共中央办公厅、国务院办公厅印发的《关于实施中华优秀传统文化传承发展工程的意见》文件中提出要"大力推广和规范使用国家通用语言文字，保护传承方言文化"的要求，对《语言文字法》加以修订、补充。让各地方言区能更好地处理方言进校园与校园要求使用普通话的规定之间的关系，形成便于操作的具体措施与方法。只有有了明确的法律依据，才能做到有法必依、违法必究；才能统一各级领导和全民的认识，正确处理好推广普通话和保护传承方言文化的关系；才能使教育部、国家语委根据语言文字相关法规制定更加具体而切实可行的实施办法，各地政府和有关部门才能制定适合本地区保护传承方言文化的实施细则或措施。

二是方言教学课时设定问题。目前，国家教育主管部门允许全国各小学开设乡土教材课程，并规定相应的课时。据了解，福建省教育部门规定给各小学每周三节课安排乡土教材的教学。而这三节乡土教材课的内容，却涵盖法律教育、卫生常识、交通规则教育、公民道德教育、消防知识教育、形势政策教育、乡土文化等，少则有七八项内容，多则有十数项内容。这么多内容压在学校领导身上，让他们左右为难、顾此失彼。目前厦门市开展闽南方言与文化进校园的学校，少数较重视者，一周有一节课可以上这门课，其他学校则一般是两周甚至三周才能安排上一节课。建议教育主管部门根据有关文件精神，明确规定各学校每周至少有两节课或更多一些课时来安排进行乡土课程教学。

三是建立相应激励机制问题。目前各校的条件存在差异，师资水平也参差不齐，教学与社会工作量又相当饱和，因此，各校在开展闽南方言与文化进校园工作中存在发展不平衡的现象。而做好闽南方言与文化进校园又是一项崭新的工作，如何备好课、如何有效融合生动的课内教学与丰富的课外活动，如何做好校内外结合，如何加速培养师资，如何建立有效的激励机制，如何制定对学校、教师、学生的绩效评价以及职称升等的相应规定，等等，都需要认真思索，并加快制定一系列的制度和方法，以鼓励学校领导和教师、学生，把保护传承方言教育工作做得更扎实，更富有成效。

（厦门大学　周长楫）

两岸华文教材人物形象调查

教育部数据显示，全球 180 多个国家和地区开展中文教学，81 个国家将中文纳入国民教育体系，开设中文课程的各类学校及培训机构共 8 万多所，正在学习中文的人数超过 3000 万。[①] 华文教材是面向海外华文学习者特别是华侨华人及其子弟开展华文教育的重要载体。作为传播媒介，华文教材承担着传授语言知识和展现中国文化等多重使命。学习者对教材的使用时间长，能对文本里中国人物、中国文化细细体味、深入理解。因此，要重视教材里的人物形象，尤其是中国人物形象的呈现，通过人物来展现中国人的价值观、文化模式、心理态度等。

两岸均长期在海外开展中文教育，且"各有自己的优势和特点"："大陆地区在教材编写上种类多样，团队优势明显"（郭熙，2020）[②]；台湾地区也在大力推广其编写的教材，注重数字资源建设。本文选取了在海外使用较为广泛的大陆编写的《中文》（小学）和台湾地区编写的《学华语 向前走》（以下简称《学华语》），对两套教材中的自编人物和选编人物进行穷尽性考察，[③] 基于语言表达调查两套教材人物形象塑造的特点，以及人物形象传递中华文化理念的价值。这两套教材都是面向海外华侨华人及其子弟编写，均为 12 册。

一　调查方法

本调查所述"自编人物"指教材编写者自行虚构、设计的人物。这些人物的性别、姓名、国籍、身份、性格特征等均由编者设计，旨在为内嵌了语言知识的教学材料寻找载体"说话人"。"选编人物"指从当代社会、历史史实、神话传说、

---

① 参见《国家语言文字政策研究中心：81 个国家将中文纳入国民教育体系》，教育部政府门户网站，http://www.moe.gov.cn/fbh/live/2023/55470/mtbd/202308/t20230817_1074704.html。

② 参见郭熙《新时代的海外华文教育与中国国家语言能力的提升》，《语言文字应用》，2020 年第 4 期。

③ 教材中出现姓名（或称谓）、性别者，同时具有国籍、所在地、性格、技能等一项或多项信息的，均纳入统计范围。

民间故事、童话寓言等材料中选编的人物形象，包括：（1）古今中外真实存在的具体人物，如"诸葛亮、华盛顿"等；（2）中外神话传说、民间故事、童话寓言等文学作品中的人物，如"嫦娥、东海龙王"等。

本文基于人物特征对人物形象进行统计、比对和分析。提取的特征主要包括外在属性和内在特征两大方面。前者包括称谓、年龄、国籍、所在地、职业、生肖、技能、饮食、族裔、宗教等，后者包括性格、爱好、突出品质、对中国或中文的态度等。人物特征主要从旁白描述、自我表达、他人陈述、个体活动、他人评价中提取。人物特征的描写参考《现代汉语分类词典》（苏新春，2013）。

二　两套教材在自编人物形象设计与选取上的特征

（一）自编人物与选编人物的设计各有侧重

据统计，《中文》共有人物形象283个，其中自编人物42个，选编人物241个。《学华语》共有人物形象90个，其中自编人物80个，选编人物10个。两套教材在人物数量上有较大差距。《中文》侧重选编人物，旨在通过不同国家人物及其事迹，对学生进行德育和美育；《学华语》侧重自编人物，通过自编人物串联全书，注重中文学习环境及学习者对语言知识与技能的掌握。

两套教材自编人物身份均以海外华裔青少年为主，国籍模糊。自编人物主要承担完成对话、引出语言知识、为学习者带来共鸣和启示的作用，这样处理可以最大程度对标学习者熟悉的生活场景和生活方式，既呼应了"华文教材"的身份，也能更好地创设语言情境，为语言与文化的结合创造良好契机。

（二）自编人物以正面形象为主

两套教材对自编人物性格、品质的设计均以正向为主，在优良品质中不乏小缺点。如《中文》里的方方善于沟通、耐心开朗，但偶尔调皮；亮亮待人真诚、善良可爱，有时会急躁。《学华语》中的安娜活泼开朗、同理心强、乐于奉献，但有时粗心；华中乐于助人、诚实勇敢、知错就改，但挑食、任性、邋遢。这符合教材对学习者人格、品质的暗示和引领作用，也符合社会对教材在引领学习者人格塑造上的期待。

《中文》里相同身份的人物性格、品质具有趋同性，更遵从中国传统文化的期待和规约，注重"群体"认同度。如，5 位妈妈都"耐心、细心、温柔"，仅方方妈妈多了"幽默"；5 位爸爸均表现出"尊重孩子、细心、耐心、慈爱"的特征。而《学华语》在人物形象塑造上区别特征较为显著，注重"个体"唯一性。如，大文爸爸斯文，方晨爸爸谨慎，华中爸爸严厉，丽安爸爸浪漫顾家，书霆爸爸随和亲切；在妈妈的形象中，大文妈妈亲切耐心，方晨妈妈保守谨慎，东明妈妈乐于助人，丽安妈妈温柔能干。

两套教材凸显的人物特征同中有异。《中文》自编人物侧重体现人物"细心、开朗、幽默、善良"的形象，选编人物侧重人物"甘于奉献、艰苦奋斗、坚持不懈、洒脱"的品质特征。《学华语》自编人物侧重表现人物"活泼、温柔、乐于助人、孝顺"，选编人物侧重表现中国人民"爱国、团结、负责、坚持"的品质。整体来说，两岸华文教材对于人物形象的认知比较一致，但各自强调的特征不尽相同。

（三）自编人物称谓设计彰显中华文化特征

编者为自编人物设计的称谓包括亲属称谓、社会称谓、姓名等。《中文》自编人物采用亲属称谓、社会称谓、姓名的分别有 21 位、5 位、16 位，《学华语》则分别有 49 位、5 位、26 位。

亲属称谓在《中文》和《学华语》的自编人物中分别占 47.6% 和 59%，两套教材均是亲属称谓占比最大。编者对亲属称谓的设计融入了中国称谓文化，弱化了个人姓名。《中文》涉及"爸爸、妈妈、爷爷、奶奶、姑姑、姑父、舅舅"7 类，《学华语》涉及"爸爸、妈妈、爷爷、奶奶、姑姑、阿姨、外公、外婆、哥哥、姐姐、堂弟、堂妹"12 类。

社会称谓在《中文》和《学华语》的自编人物中分别占 11.9% 和 6.3%，相对较少。《中文》所涉社会身份集中在教育领域，有"老师、校长、小女孩"等；《学华语》所涉社会身份相较略广，有"老师、服务员、消防员、警察"等。

姓名设计方面，两套教材均倾向于选用中国"大姓"，名则为常用字，寓意积极向上。教材人名所用姓氏有"王、李、张、刘、陈、黄、赵、周、马、林、方、华"12 个，其中位列中国公安部《二〇二〇年全国姓名报告》前十位的有"王、李、张、刘、陈、黄、赵、周"8 个。[①] 名字方面，有寓意"光明"的"光

---

① 参见《〈二〇二〇年全国姓名报告〉发布》，https://www.gov.cn/xinwen/2021-02/08/content_5585906.htm。

光、亮亮、明明";寓意"幸福健康"的"周幸、周福、小康、刘小康";寓意"友爱"的"陈心美、方友朋";与中国和中国文化相关的"华国、华中、赵龙"等。此外,两套教材使用了少量的英文名、音译名,意在拉近学习者心理距离。《中文》有"大卫、杰克"2个音译名。《学华语》有"Amy、John、Nick"3个英文名,"大卫、安娜、凯文、山本"4个音译名;有9名青少年同时使用中文名和英文名。

(四)人物形象的职业取向设计有所不同

从职业取向来看,两套教材的自编人物中,职业明晰者数量不多。《中文》42位自编人物和《学华语》80位自编人物,各有5位、8位职业清晰,涉及教育、商业、服务、航空、科技、医疗等领域。《中文》自编人物的职业全部集中在教育领域;《学华语》自编人物在上述领域中各有分布,如宝拉爸爸是航空公司员工,大文爸爸在电脑公司工作等。可以看到,自编人物多是现代社会领域的普通人。

相较之下,选编人物中的历史人物多为"榜样"人物,文学作品人物多为"神仙精怪"。按社会领域划分,可分为自然科学领域、人文艺术领域和其他领域。《中文》在自然科学领域有38人,如地质学家李四光、天文学家哥白尼;在人文艺术领域有48人,如史学家司马迁、诗人李白;在其他领域有62人,如文成公主、东海龙王。《学华语》在自然科学领域有2人,为航海家郑和、哥伦布;在人文艺术领域有2人,如诗人屈原;在其他领域有6人,如总统华盛顿、神仙神农氏、官员诸葛亮。从具体类别看,发明创造、诗歌艺术、神话故事为《中文》着意之领域,航海探险、诗歌艺术、政治变革为《学华语》着意之领域。

值得注意的是,两套教材对同一人物身份选取的不同体现了不同的人物侧面和刻画倾向。如屈原在《中文》中是忠贞爱国的忠臣,在《学华语》中是才华横溢的诗人;诸葛亮在《中文》中是临危不惧的谋士,在《学华语》中是教百姓煮茶的发明家。

(五)自编人物对中国和中文呈现积极态度

如表1所示,两套教材中自编人物对中国和中文的态度以积极为主,表现在旅游观光、节日习俗、语言选择、亲情牵挂、饮食文化、历史文化等方面。消极态度在《学华语》中有所表现,认为"中文难学""对中华文化陌生"。

表1　两套教材自编人物对中国和中文的态度呈现

态度分类	主题	具体表现	《中文》数量/位	《学华语》数量/位
积极态度	旅游观光	期待、喜欢去中国旅游	7	5
	节日习俗	在海外延续中华传统节日习俗	1	7
	语言选择	喜欢中文，重视中文教育	1	1
	亲情牵挂	与住在中国的亲人时常往来	1	3
	饮食文化	爱吃中餐	0	1
	历史文化	了解中国历史，认同中国文化	3	0
消极态度	中文难学	觉得中文难学，汉字难写	0	2
	文化陌生	对传统文化、技艺很陌生	0	2

（六）选编人物国籍分布与"国别人物形象"书写的路径不同

如表2所示，《中文》选编人物有国籍可考的共158位，来自15个国家；另有83位国籍不明。中国国籍者有92位，占38.2%。可以看出，其在选编人物的选取上，考虑到了诸多国家，以具体事件为依托，让各国人物为自己发声，展现各国风采。《学华语》选编人物来自美国、西班牙和中国3个国家，除华盛顿、哥伦布以外，其余8人全是中国人。《学华语》以海外华裔青少年所处的语言文化为背景，侧重展示人物国际视野、技能及积极融入国际、团结友好的形象。如会打太极拳的大文爸爸，擅长划龙舟的家杰爸爸，会包粽子的家杰妈妈，会编中国结的丽安等；同时，教材还嵌入了菲律宾、日本、法国、澳洲的相关元素，如家杰参加巴西嘉年华、宝拉妈妈做巴拿马食物等。

表2　《中文》选编人物国籍分布表

国家	数量/位	占比/%	国家	数量/位	占比/%
俄罗斯	1	0.42	波兰	3	1.24
丹麦	1	0.42	意大利	4	1.66
荷兰	1	0.42	德国	7	2.90
比利时	1	0.42	法国	12	4.98
奥地利	2	0.83	美国	15	6.22
古希腊	2	0.83	英国	13	5.39
瑞典	2	0.83	中国	92	38.17
印度	2	0.83	国籍不明	83	34.44
合计				241	100.00

表 3 和表 4 显示了两套教材选编人物的内在特征。因为选取人物的不同，体现的不同国家人物形象的品质特征也有所不同。

表3 《中文》各国别选编人物群像

国家	数量 / 位	人物形象
俄罗斯	1	乐于奉献 浪漫勤奋
丹麦	1	坚持不懈
荷兰	1	细心 坚持
比利时	1	沉着 勇敢 善良 懂得感恩
奥地利	2	随和 宽容
古希腊	2	宽容大度 坚持真理
瑞典	2	意志坚强 不怕困难
印度	2	乐于奉献 谦让 善良
波兰	3	坚持不懈 敢于挑战 淡泊名利
意大利	4	坚持不懈 知错就改 善于发现
德国	7	善良 积极 谦虚 顽强 勤于积累
法国	12	爱国 冷静 创新 谦逊 坚持 专注 诚信 负责
美国	15	爱国 聪明 低调 奉献 诚实 坚强 懂得感恩 爱好和平 有责任心
英国	13	坚持 认真 善良 细心
中国	92	甘于奉献 艰苦奋斗 坚持不懈 洒脱 聪明 好学 善良 爱国 勇敢 有责任心 知错就改 能干 孝顺 谦逊 坚守原则 志向远大 敢于质疑 充满爱心

表4 《学华语》各国别选编人物群像

国家	数量 / 位	人物形象
美国	1	民主 自由
西班牙	1	勇敢 智慧
中国	8	爱国 团结 负责 坚持

三 主要结论与启示

两套教材在人物设计与选取上具有一些共同特征，如人物以正面形象为主，自编人物"瑕不掩瑜"，选编人物"邪不压正"；自编人物身份以海外华裔青少年为主，国籍模糊。这符合教材对学习者人格、品质的暗示和引领作用，符合社会对教材在引领学习者人格塑造上的期待；同时也呼应了"华文教材"的身份，也能更好地创设语言情境。

两套教材在人物设计与选取上也有显著的区别特征：一是对自编人物与选编人物的侧重不同，《中文》侧重选编人物，《学华语》侧重自编人物；二是对华人特征书写的侧重点不同，《中文》侧重展现人物"细心、开朗、幽默、善良、甘于奉献、艰苦奋斗、坚持不懈、洒脱"的品质特征，《学华语》则侧重表现人物"活泼、温柔、乐于助人、孝顺、爱国、团结、负责、坚持"的品质；三是"中华文化印记"与"世界文化融合"的具体做法不同，《中文》由各国别人物发声，《学华语》将人物置于多元文化语境中；四是人物性格设计思路不同，《中文》注重"群体"认同度，《学华语》注重"个体"唯一性。

鉴于此，对华文教材人物形象建设如何更好地树立中国形象，传递中国人的价值观、文化模式、心理态度等，提出以下建议。一是注意自编人物和选编人物数量的协调。自编人物有很强的灵活性和组合性，选编人物则更具真实性。这两者各司其职，缺一不可。不同学段、不同技能的教材可以有不同的侧重。如口语教材应更多安排自编人物以方便开展对话，中高级阶段可逐渐增加选编人物的比重以进一步发挥教材在"三观"塑造上的作用。二是避免出现刻板印象。人通常具有多面性。教材需要在尽可能多展现各个国家人物特点的同时，引导学生完善人格、开阔国际视野、塑造价值观念，而非在学习者心中强化刻板印象的标签。三是注意正负面形象的协调。应该坚持"正面形象为主、负面特征为辅"的原则。两套教材启示我们，应该用正面形象去引领学习者，用负面特征去警示学习者。要注意两者的协调，达到"既展现我国和世界人民良好形象，又增加学习者的认可度、完善学习者的间接社会经验"的目的。四是增强人物形象的丰满度和立体度。在人物形象设计上要避免性格或品质过于单一。如若人物的家庭身份、社会属性等高度一致，是很难使学习者信服的。

（华侨大学　洪桂治、侯一秀）

第三部分

台湾领域篇

台湾地区埔里镇语言生活状况

埔里镇位于台湾地区南投县北部，紧靠台中，交通便利，是台湾岛的地理中心。由于历史因素，埔里镇的人口组成复杂，有闽南人、客家人、外省人、台湾少数民族，以及主要来自东南亚国家的"新移民"。埔里镇使用的主要语言有"国语"（即普通话）、闽南方言、客家方言、外省方言、少数民族语言（如泰雅、平埔）、新移民使用的外语（主要有印尼语、越南语）等多种语言。本研究用问卷与实地访谈的方式，调查埔里镇居民的语言背景、日常语言使用情况，剖析各语言在当地的分布及语言使用现状，呈现埔里镇居民语言使用的变化，探讨语言使用在社会发展过程中受到的影响及当地人民的应对方法。

一　基本情况

（一）埔里镇人口概况

埔里镇面积约为 16 223 平方公里，截至 2022 年年底，户籍人口约为 77 万人，常住人口多为中老年居民，青年人口外移与少子化现象严重，人口已经连续 24 年呈现负增长。埔里镇民以闽南人居多，其次是少数民族（约 4000 人）、新移民（约 2000 人），以及其他人如外省籍、客家人。

（二）调查工作

本次调查时间为 2023 年 4—5 月。调查对象为埔里镇的居民。调查方式有三：一是访谈，访谈对象为埔里镇居民，在埔里镇各村里活动中心、公交车站和商场，对参与活动的镇民、便利店员工、出租车司机、公交车站工作人员进行访谈；二是发放问卷，通过两种方式发放问卷，一种是借由各村里办公室发放问卷，每户家庭填写一份问卷，另一种则是在车站、商场等公共场所请路人填写问卷；三是观察，在埔里镇各个人流密集的地点如商场、餐饮店、车站观察公共场合的语言现象。

（三）调查的基本数据

本次调查一共发放问卷 150 份，有效问卷 133 份，回收率 88.67%。样本的个人信息见表 1。

表 1　埔里镇个人样本信息（N=133）

个人样本特征		数量 / 份	占比 /%
性别	男	48	36.09
	女	85	63.91
	合计	133	100.00
群体	闽南人	94	70.68
	客家人	11	8.27
	其他省籍人	3	2.26
	少数民族（泰雅、平埔）	18	13.53
	新移民（越南籍、印尼籍）	7	5.26
	合计	133	100.00
年龄	0—19 岁	11	8.27
	20—39 岁	34	25.56
	40—59 岁	20	15.04
	60 岁以上	68	51.13
	合计	133	100.00
出生地	台澎金马地区	122	91.73
	其他地区	11	8.27
	合计	133	100.00
教育程度	小学、初中	67	50.37
	高中、高职	17	12.78
	大学	40	30.08
	研究生	9	6.77
	合计	133	100.00
到埔里镇时的年龄	0—8 岁	108	81.20
	9—19 岁	9	6.77
	20 岁以后	16	12.03
	合计	133	100.00

（续表）

个人样本特征		数量／份	占比／%
在埔里镇 居住时长	5 年以内	2	1.50
	5—9 年	7	5.27
	10 年以上	124	93.23
	合计	133	100.00

由表 1 可以看出，埔里镇居民主要为闽南人，且年龄偏向老龄化，有五成以上的受访者在 60 岁以上，有六成五在 40 岁以上。教育程度方面，高中以下学历占六成，读到研究生阶段的仅有 6.77%。偏低的教育程度情况与受访者的年龄偏大有关，年纪在 60 岁以上的居民，受到当时社会环境的限制，教育程度大多不高，能够读完中学已属难得，有高中学历或职专以上的则是少数。以居住的时间来看，有 81.2% 是从小就在本地居住，居住时长超过 10 年的占 93.23%，其中少部分是在 20 岁以后才移居埔里，居住时间也相对较短。在本次调查的受访者中有 7 位是新移民（越南籍 3 位、印尼籍 4 位），都是嫁到台湾地区后居住在埔里镇，居住时长大多是在 10 年以下。由此可知，目前埔里镇的居民大多是从小就住在此地，而且多数已经住了 10 年以上。

受访者的家庭信息，是指受访者当时的家庭组成情况。如果受访者是单身、独住，家庭情况指的是原家庭的组成；若是已婚，则指婚后与配偶组成家庭的成员情况。在"家庭成员结构"部分，分为"三代同住""二代同住""核心家庭""单身、独住"4 类。相关数据见表 2。

表 2　受访者的家庭信息（N=133）

家庭样本特征		数量／份	占比／%
婚姻组合（父 母或配偶）	闽南人	96	72.19
	客家人	1	0.75
	其他省籍人	18	13.53
	少数民族	18	13.53
	新移民	0	0
	合计	133	100.00
家庭成员结构	三代同住：祖父母＋父母＋子女	22	16.54
	二代同住：父母＋子女	54	40.60
	核心家庭：与配偶同住	47	35.34
	单身、独住	10	7.52
	合计	133	100.00

受访者中约七成是闽南、客家的家庭，其中包括受访的 7 位新移民都是闽南家庭。婚姻组合为其他省份的有 18 位（13.53%），这些受访者大多是年纪超过 60 岁以上的女性，早年与移居埔里的外省籍结婚后组成家庭，到受访时大多已有了第三代孙儿辈，现在对自己是外省家庭的观念已经很淡薄，大多认为自己是闽南家庭。本次调查中有 18 人属于台湾少数民族家庭，其中大多是平埔人（即晚清时期从台湾西部平原移居埔里的少数民族群体）。埔里当地少数民族的配偶大多也是少数民族，少数民族与其他人结婚的情况并不多见。在家庭成员的结构上，16.54% 是"三代同住"，40.6% 是"二代同住"，35.34% 是"核心家庭"，"单身、独住"为 7.52%。其中以"二代同住"与"核心家庭"比例较高，"三代同住"的情况较少。原因在于年轻人口外移，原本"三代同住"的家庭变成只有中年子女与年长父母同住的二代同住。

二　语言使用

本次调查依照埔里镇居民的生活背景，列出 5 类常用的语言：一是通用的"国语"；二是闽南方言；三是外省方言；四是少数民族语言，如邵语、泰雅语、平埔噶哈巫语等；五是外语，即新移民的母语，如印尼语、越南语等。

（一）家庭语言使用

家庭语言的使用情况指被调查者家庭内部交流时的语言使用情况。调查结果见表 3。

表 3　家庭语言 / 方言使用情况

选项	"国语"		闽南方言		外省方言		少数民族语言		外语	
	数量 / 份	占比 / %	数量 / 份	占比 / %	数量 / 份	占比 / %	数量 / 份	占比 / %	数量 / 份	占比 / %
在家用语	112	84.21	18	13.53	0	0	3	2.26	0	0
和配偶	109	81.95	20	15.04	0	0	4	3.01	0	0
和长辈平辈	73	54.89	58	43.61	0	0	2	1.50	0	0
和晚辈	122	91.73	11	8.27	0	0	0	0	0	0

表 3 显示，各群体多以"国语"为主要语言，即便是闽南家庭，在家中常用的语言也是以"国语"为主，只有 13.53% 的家庭语言是以闽南方言为主，2.26%

的家庭是用少数民族语言。从家庭背景分析来看，97个闽南、客家的家庭，只有18个家庭以闽南方言为主要交流语言，18个少数民族家庭，有3个是以少数民族语言作为家庭主要语言。

在家人间的语言使用情况如下：与配偶以说"国语"为主的有81.95%，说闽南方言的有15.04%，说少数民族语言的有3.01%；与家中长辈或平辈交谈的场合，有54.89%是说"国语"，43.61%说闽南方言，1.5%是说少数民族语言；与晚辈交谈时使用的语言有91.73%是说"国语"，8.27%是说闽南方言。埔里居民常用的家庭语言没有外省方言与外语。

由于社会上"国语"的使用机会更多，学习语言时更常使用"国语"沟通，造成母语语言消失的现象。如平埔人已经大多不会说平埔语，需要通过族中耆老召集开设平埔语课程，教授平埔语。母语消失的现象不只出现在少数族群，即便是人数众多的闽南人，家中用闽南方言沟通的也是少数，年轻的孙儿辈已经不会说闽南方言，与祖父母沟通时都说"国语"。同样地，新移民对儿女也不说母语，取而代之的是"国语"、闽南方言。

（二）工作场合语言使用

工作场合语言使用有4种情境，包括工作场合里的主要用语，与同事交谈、与朋友交谈、与客户交谈时所使用的语言。调查结果见表4。

表4　工作场合常用的语言/方言

选项	"国语"		闽南方言		外省方言		少数民族语言		外语	
	数量/份	占比/%	数量/份	占比/%	数量/份	占比/%	数量/份	占比/%	数量/份	占比/%
工作用语	100	75.19	33	24.81	0	0	0	0	0	0
和同事	125	93.98	8	6.02	0	0	0	0	0	0
和朋友	96	72.18	33	24.81	0	0	0	0	4	3.01
和客户	127	95.49	6	4.51	0	0	0	0	0	0

在工作场合以"国语"、闽南方言为主，分别占75.19%、24.81%。与同事沟通时，使用"国语"的比例增加到93.98%，闽南方言使用的比例下降为6.02%。在与朋友聊天时，则有不同的变化，使用"国语"的比例为72.18%，使用闽南方言的占24.81%，还有3.01%是使用外语。参与调查的4位新移民在可以用母语沟

通交流时，会优先以母语沟通。在工作中与客户沟通的语言仍是以"国语"为主，有 95.49%，只有 4.51% 的人以闽南方言沟通。

（三）公共场合语言使用

表 5　公共场合使用的语言 / 方言

选项	"国语"		闽南方言		外省方言		少数民族语言		外语	
	数量 / 份	占比 / %	数量 / 份	占比 / %	数量 / 份	占比 / %	数量 / 份	占比 / %	数量 / 份	占比 / %
公共场合	107	80.45	26	19.55	0	0	0	0	0	0
和陌生人	120	90.23	13	9.77	0	0	0	0	0	0
和熟人	69	51.88	64	48.12	0	0	0	0	0	0

表 5 显示，被调查者在公共场合最常使用的是"国语"，有 80.45%；其次是闽南方言，有 19.55%。与陌生人交谈"国语"的使用比例上升到 90.23%，若是对象换成熟人时，则使用闽南方言的比例从 9.77% 上升到 48.12%。

上述的 3 种场合里，明显地表现出"国语"作为日常生活常用语言的特点。在进行家庭访谈时，发现年纪大的老人家虽然是闽南人，但在一开始访谈时都会先以"国语"开始对话，直到发现调查者能够用闽南方言时才改为用闽南方言交谈。在公开场合如车站、商场进行随机访谈也是如此。不过若是一开始便以闽南方言开始对话，则访谈对象也会以闽南方言回应。在少数民族家庭进行访谈时，则有两种情况：如果是跟泰雅的受访者谈话时，几乎全程讲"国语"，偶尔夹杂几句闽南方言；但若对象是平埔人，因其早已与闽南人混居通婚，大多都已不会说平埔语，而是以"国语"、闽南方言为主。访谈新移民时，与泰雅人相同，全程用"国语"交谈。

三　语言态度

关于语言态度的调查，调查从"好听、亲切"（情感）、"权威、有身份"（声望）、"用处多、实用"（实用）的角度，从"非常不同意""不同意""没意见""同意""非常同意"的 5 个等级，给予等级赋值"1—5 分"计算平均水平，得到结果见表 6。

表6　埔里镇民对当地五类语言/方言的评价　　　　　　　单位：分

评价项目	"国语"	闽南方言	外省方言	少数民族语言	外语
情感评价	3.58	4.30	1.97	1.53	2.38
声望评价	2.49	3.03	1.63	1.19	1.93
实用评价	3.95	3.86	1.47	1.24	1.78
总评价	3.34	3.73	1.69	1.32	2.03

根据表6，埔里镇居民语言态度呈现以下几个特点：（1）埔里镇居民仍然较为看重"国语"与闽南方言，对这两种语言评价较高，另外3种语言中，对外语的评价高于外省方言、少数民族语言；（2）在情感评价方面，认为闽南方言是最亲切的语言，其次才是"国语"；（3）声望评价都处于较低的分数，5种语言不存在绝对的权威语言；（4）在实用性方面，以"国语"分数最高，但整体评价方面则是闽南方言分数最高，原因在于闽南人在埔里镇是大多数，对闽南方言的情感评价较高，老一辈的受访者提到"国语"与闽南方言使用差别时，大多表示"讲国语的比较有身份是过去的事了""现在流行说母语"。

综上所述，包括少数民族、新移民在内，埔里镇居民主要的沟通语言为"国语"与闽南方言。台湾光复后，台湾主管机关大力推行的"'国语'运动"，目的在于根除日本殖民时期台湾民众使用的日语，恢复为使用"国语"，当时成立"'国语'推行委员会"，推广说中国话、写中国字，成果丰硕。在访谈时，年纪70岁以上的闽南老人家说早年在社会上能讲"国语"的人感觉较有文化，社会地位也较高，因此会想学习"国语"；虽然学习过程不容易，但仍认为学习"国语"对于当时在社会上工作沟通会有很大的帮助，乃至于后来两岸开始交流，有机会到大陆各地区旅游都能无障碍沟通，更感受到"国语"的用处。

四　结论

埔里镇地理位置特殊，群体多样。本次调查结果显示，不论在家庭内部还是工作场合及公共场所，居民使用的语言都以"国语""闽南方言"作为主要的语言。后到的新移民语言并不占优势，因此新移民到台湾首先会学习效益最大的"国语"，其次是闽南方言。调查结果呈现出各族群都有母语逐渐消失的趋势。然而在访谈的过程里，可以发现部分的受访者已意识到这个现象，其中有些人更为此组织母语学习课程（如闽南方言和平埔语），期望能让年轻一辈能有机会熟悉他们的母语。由此也说明语言因为实用性而更具优势，但是它也承载着文化，将自己的母语与文化传承后代，是每个熟悉母语的人深植于心的文化使命。

（泉州师范学院　赵威维）

台湾地区客家人语言/方言能力评估报告

  苗栗市的客家人口占比非常高，是台湾的客家文化重点发展区。苗栗市总共有 18 个乡镇市，本文选取其中的 4 个典型调查点作为研究对象，分别为三湾乡、头份市、造桥乡、后龙镇。三湾乡客家人占比高达 100%，是纯客乡镇；头份市、造桥乡的客家人占比皆高达八成以上；而后龙镇，则是闽南人与客家人各半的乡镇。为进一步考察台湾地区客家话的推行成效及各镇之间的差异，我们选取上述 3 类不同特征的 4 个调查点作为考察对象，以期呈现台湾地区客家话的整体特征和语言面貌。

  我们在苗栗市 4 个调查点的公共场所（邮局、市场、街道等）各发放 50 份问卷，总共发放 200 份调查问卷。填写者不限制群体区别，但必须现居于该调查点。

一 语言能力状况

  在台湾的客家文化重点发展区里，许多公共场所张贴着"𠊎讲客"（我讲客）的贴纸，以显示该场所推广客家话，但推广客家话的措施及成效如何，需进一步深入研究。

  首先是这 4 个调查点受访者的认同率，接下来则是这 4 个调查点各种语言的平均分数。认同自己为客家人的原因多样，有些人是基于血缘，有些人则是基于语言，所以客家认同，不代表受调查者会说客家话。因而第二部分，我们呈现的是台湾常使用的几种语言/方言在 4 个调查点的分数。接着我们聚焦客家话的能力评估，看看这 4 个调查点客家话的使用状况。最后我们使用社会科学统计软件包（SPSS），做独立样本 t 检验，看看"年龄"以及"是否认同为客家人"这两项因素是否会影响这 4 个调查点的语言能力状况。选择"年龄"这个因素，是因为在社会语言学里，常以青壮年与老年做一个世代对比，我们用"年龄"这个变项为基准，看看这个地区的人们是否因世代差异而有语言活力的差异。另外，选择

"是否认同为客家人"这个变项，则是要看认同"客家"的人，其实际的客家话能力是否与认同比率高度重叠。

（一）身份认同的比例

表1为头份市、三湾乡、后龙镇、造桥乡4个调查点在客家身份认同上的比例。数字0表示在调查过程中，没有受访者使用该语言。

表1　头份市、三湾乡、后龙镇、造桥乡客家身份认同的比例　　单位：%

身份认同	客家人	闽南人	少数民族	新住民	其他	总数
头份市	80	16	0	4	0	100
三湾乡	100	0	0	0	0	100
后龙镇	58	42	0	0	0	100
造桥乡	82	18	0	0	0	100

（二）各类语言使用的分数

我们用利克特量表做各语言的平均分数，分数在4.50—5.00分的，属于"高"得分，表示该语言在此区活力充沛，是主要使用的语言；平均分数在3.50—4.49分的，属于"中高"得分，表示该语言在此区极具竞争力；平均分数在2.50—3.49的，为"中"得分，表示该语言虽保有一定活力，但并非此区居民首要选择的语言；平均分数为1.50—2.49的为"中低"得分，表示该语言活力正在消失中；平均得分在1.00—1.49的，为"低"得分，表示该语言在这片区域已经濒危或近于死亡。表2为4个苗栗市调查点各语言的平均分数。1分则表示调查过程中，没有受访者使用该语言。

表2　头份市、三湾乡、后龙镇、造桥乡各语言/方言的平均分数

	"国语"	闽南方言	少数民族语言	英语	日语	新住民语	其他语言
头份市	4.88	3.06	1.00	2.08	1.18	1.14	1.14
三湾乡	4.90	3.48	1.00	1.12	1.1	1.00	1.00
后龙镇	4.98	3.94	1.00	1.98	1.00	1.00	1.00
造桥乡	4.94	3.66	1.00	1.30	1.08	1.00	1.00

（三）客家话能力的评估

表3 头份市、三湾乡、后龙镇、造桥乡客家话的平均分数

客家话	听	说	读	写	一日使用客家话频率
头份市	3.90	3.88	1.76	1.84	2.68
三湾乡	4.40	4.26	2.14	1.60	3.02
后龙镇	2.44	2.46	1.54	1.16	1.88
造桥乡	3.70	3.76	1.72	1.46	2.26

依据表3，三湾乡的受访者里，50位受访者全数认为自己是客家人，客家人占100%，是客家人占比最多的调查点；其次是造桥乡，受访者里认同自己为客家人的占82%；再次是头份市的80%；最后则是后龙镇的58%。

这4个苗栗市调查点在读、写客家话能力差距并不大，除造桥乡、后龙镇的写客家话能力（分别是1.46、1.16分）为"低"得分外，其余调查点的读、写客家话能力，皆为"中低"得分，显示这4个调查点在识读客家字部分，分数都不高。

就听、说客家话的能力来看，分数最高的是客家人占比最多的三湾乡，其次是头份市，再次是造桥乡，分数最低的则是后龙镇。三湾乡、头份市、造桥乡听、说客家话的能力，皆达到"中高"得分，但后龙镇听、说客家话的分数（分别为2.44、2.46）则只有"中低"得分。听、说客家话能力也反映在一日使用客家话的频率上，三湾乡、头份市一日使用客家话的分数为3.02、2.68，为"中"的得分；而听、说客家话分数较低的造桥乡、后龙镇，其一日使用客家话的分数则是"中低"（分别为2.26、1.88）。

在这4个调查点里，三湾乡的客家人数占比最多，客家话保存与传承的状况也最好，造桥乡的客家人比例（82%）虽略高于头份市（80%），但头份市客家话听、说、读、写，以及一日使用频率的分数皆略高过造桥乡。后龙镇的客家人比例，在4个调查点中最少（58%），它的客家话分数也最低。总的来说，客家话能力的排序是：三湾乡优于头份市，而头份市又略优于造桥乡，后龙镇的客家话能力则在这4个调查点中垫底。

后龙镇的客家人占比为58%，照理说客家人比例仍占上风，但客家话的分数却普遍较低。我们认为这显示了在台湾地区的闽、客交杂区中，客家人会更刻意

地去使用更具优势的闽南方言，以达到社会交际的作用，因此导致了客家话能力的大大衰退。

二　独立样本 t 检验

以下我们依据"年龄""是否认同为客家人"这两项变因，来为这 4 个调查点做独立样本 t 检验的调查。

（一）年龄因素

年龄部分，我们将青年与壮年归为一组，60 岁以上归为一组。200 份问卷里，青、壮年的样本为 149 个，老年的样本为 51 个。在独立样本 t 检验中，$p<0.05$ 则表示两组变异数有显著性差异。"国语"能力部分，p 值为 0.000，具显著性；闽南方言能力部分，p 值为 0.017，具显著性；英语能力部分，p 值为 0.000，具显著性；听客家话能力，p 值为 0.000，具显著性；说客家话能力，p 值为 0.000，具显著性；一日内使用客家话频率，p 值为 0.014，具显著性。其他的语言能力，p 值都没有小于 0.05，不具显著性。

"国语"能力部分，青、壮年的平均得分为 4.973，老年的得分为 4.784。青、壮年与老年的"国语"能力平均数都高于 4.50，皆属于"高"的得分。这显示无论青、壮年或老年，"国语"能力都非常流利，但青、壮年的 4.973，略优于老年的 4.784。

闽南方言能力部分，青、壮年的平均得分为 3.470，老年的得分为 3.725。青、壮年的闽南方言分数介于 2.50—3.49 间，为"中"的得分；老年的分数介于 3.50—4.49 间，属于"中高"得分。这显示老年人的闽南方言能力优于青、壮年。

英语能力部分，青、壮年的平均得分为 1.805，老年的得分为 1.078。青、壮年的英语分数介于 1.50—2.49 间，为"中低"的得分；老年的分数则介于 1.00—1.49 间，属于"低"得分。两者英语能力的得分都不高，但还是可以观察到，青、壮年的英语能力略优于老年人。

听客家话能力部分，青、壮年的平均得分为 3.396，老年的得分为 4.235。青、壮年的听客家话能力分数介于 2.50—3.49 间，为"中"的得分；老年的分数介于 3.50—4.49 间，属于"中高"得分。两者在听客家话能力上有明显差异，青、壮年听客家话的能力弱于老年人。

说客家话能力部分，青、壮年的平均得分为 3.396，老年的得分为 4.157。青、壮年的说客家话分数介于 2.50—3.49 间，为"中"的得分；老年的分数介于 3.50—4.49 间，属于"中高"得分。两者在说客家话能力上有明显差异，青、壮年说客家话的能力弱于老年人。

一日内使用客家话频率部分，青、壮年的平均得分为 2.168，老年的得分为 3.314。青、壮年使用客家话频率分数介于 1.50—2.49 间，为"中低"的得分；老年的分数介于 2.50—3.49 间，属于"中"的得分。这显示青、壮年使用客家话的频率低于老年人。

由数据可知，方言部分，包括闽南方言，以及听、说客家话的能力，还有使用客家话的频率，都是老年人优于青、壮年。这个数据很典型地反映了老年人较多使用方言，而青、壮年对"国语"的掌握度更优于老年人的普遍印象。英语的部分，虽然两者的得分都不高，但显然老年人得分更低。

客家话能力部分，听、说客家话以及使用客家话频率的分数，老年人优于青、壮年，但在读、写客家话能力部分，青、壮年与老年人的得分，并无显著差异性，且两组群体的读、写客家话的平均分数都介于 1.50—2.49 间，表示青、壮年与老年人在识读客家话字部分都较为困难，皆为"中低"得分。

表 4　依年龄分组的各项语言／方言分数

调查类型	年龄组（青年组 0—59 岁、老年组 60 岁以上）	样本量	平均值	标准偏差	标准误平均值
"国语"能力	青壮组	149	4.973	0.1622	0.0133
	老年组	51	4.784	0.5409	0.0757
闽南方言能力	青壮组	149	3.470	1.2056	0.0988
	老年组	51	3.725	0.9814	0.1374
英语能力	青壮组	149	1.805	0.8752	0.0717
	老年组	51	1.078	0.2715	0.0380
日语能力	青壮组	149	1.081	0.2968	0.0243
	老年组	51	1.118	0.3819	0.0535
听客家话能力	青壮组	149	3.396	1.5588	0.1277
	老年组	51	4.235	1.1931	0.1671
说客家话能力	青壮组	149	3.396	1.6016	0.1312
	老年组	51	4.157	1.3019	0.1823
读客家话能力	青壮组	149	1.866	1.0946	0.0897
	老年组	51	1.627	1.0385	0.1454

（续表）

调查类型	年龄组 （青年组 0—59 岁、 老年组 60 岁以上）	样本量	平均值	标准偏差	标准误平均值
写客家话能力	青壮组	149	1.510	1.0175	0.0834
	老年组	51	1.529	1.2059	0.1689
一日内使用客家 话频率	青壮组	149	2.168	1.1414	0.0935
	老年组	51	3.314	1.3927	0.1950

（二）认同客家与否对客家话能力的影响

200 份问卷中，认同自己是客家人的样本有 160 份，不认同自己是客家人的样本则有 40 份。以是否认同自己是客家人这个条件来看，听、说、读、写客家话的能力，以及一日内使用客家话的频率，p 值分别为 0.030、0.009、0.000、0.000、0.000，皆小于 0.05，具显著性；其他语言能力部分，p 值都未小于 0.05，显示认同自己是客家人与否，在其他语言能力上并无显著差异。

听客家话能力，认同自己是客家人的，平均分数为 4.1188；不认同自己是客家人的，平均分数为 1.5750。前者分数介于 3.50—4.49 间，属于"中高"得分；后者分数介于 1.50—2.49 间，为"中低"得分。

说客家话能力，认同自己是客家人的，平均分数为 4.1188；不认同自己是客家人的，平均分数为 1.4750。前者分数介于 3.50—4.49 间，属于"中高"得分；后者分数介于 1.00—1.49 间，为"低"的得分。

读客家话能力，认同自己是客家人的，平均分数为 1.9813；不认同自己是客家人的，平均分数为 1.1000。前者分数介于 1.50—2.49 间，属于"中低"得分；后者分数介于 1.00—1.49 间，为"低"的得分。

写客家话能力，认同自己是客家人的，平均分数为 1.6375；不认同自己是客家的人，平均分数为 1.0250。前者分数介于 1.50—2.49 间，属于"中低"得分；后者分数介于 1.00—1.49 间，为"低"的得分。

一日内使用客家话频率部分，认同自己是客家人的，平均分数为 2.7875；不认同自己是客家的人，平均分数为 1.1500。前者分数介于 2.50—3.49 间，属于"中"得分；后者分数介于 1.00—1.49 间，为"低"的得分。

认同自己是客家人的样本中，听、说、读、写客家话的能力，以及一日内使用客家话频率，分数都优于不认同自己是客家人的人群，显示认同自己是否是客家人与掌握客家话的能力是正相关的。我们也可以从数据中看到，听、说客家话的能力，在认同自己是客家人的群体中，其平均得分都有达到"中高"得分。

至于读、写客家话的能力，认同自己是客家人的，分数虽高于不认同自己是客家人的人群，且有显著的差异性，可是认同自己是客家人的，得分只有"中低"得分，表示即使认同自己是客家人，其识读客家字仍有一定的困难。

一日内使用客家话频率部分，认同自己是客家人的群组得分高于不认同自己是客家人的群组得分。认同自己是客家人的，一日内使用客家话的时间只有一半，属于"中"的得分。这也表示一日内，认同自己是客家人的，仍有一半的时间选择使用其他的语言来与外界沟通。

表5　依据"是否认同为客家人"而分组的各项语言/方言分数

调查类型	是否认同为客家人	样本量	平均值	标准偏差	标准误平均值
"国语"能力	认同	160	4.9313	0.27750	0.02194
	不认同	40	4.9000	0.44144	0.06980
闽南方言能力	认同	160	3.3375	1.08673	0.08591
	不认同	40	4.3250	1.09515	0.17316
英语能力	认同	160	1.5625	0.79849	0.06313
	不认同	40	1.8500	0.92126	0.14566
日语能力	认同	160	1.1000	0.34018	0.02689
	不认同	40	1.0500	0.22072	0.03490
听客家话能力	认同	160	4.1188	1.17827	0.09315
	不认同	40	1.5750	0.87376	0.13815
说客家话能力	认同	160	4.1188	1.22537	0.09687
	不认同	40	1.4750	0.78406	0.12397
读客家话能力	认同	160	1.9813	1.13532	0.08976
	不认同	40	1.1000	0.30382	0.04804
写客家话能力	认同	160	1.6375	1.15735	0.09150
	不认同	40	1.0250	0.15811	0.02500
一日内使用客家话频率	认同	160	2.7875	1.24075	0.09809
	不认同	40	1.1500	0.48305	0.07638

以"年龄"的因素来看，发现青、壮年在"国语"、英语能力上，明显优于60岁以上的老年人，而老年人在方言的使用上则更为娴熟。例如老年人的闽南方言能力、听客家话能力、说客家话能力，以及一日内使用客家话频率，分数都优于青、壮

年。这样的数据反映了老年人多用方言，而青、壮年多使用"国语"的情形。

从"认同自己是否为客家人"的因素来看，认同自己是客家人的，在听、说、读、写客家话，以及一日内使用客家话频率上的分数，都优于不认同自己是客家人的，这结果也显示，客家话多流通于客家人之间，而少被其他人所学习。

三 结 语

认同自己为客家人的，其一日内使用客家话的分数为 2.7875，属于"中"的得分，显示其一日内使用客家话的时间只有一半，客家话在这 4 个调查点仍有一定活跃度，但并不占最大的优势。这点我们从头份市、三湾乡、后龙镇、造桥乡各语言/方言的平均分数，也可以看出端倪。4 个调查点中，"国语"的分数独占鳌头，皆属"高"的得分，表示"国语"是这 4 个调查点里，居民掌握最好的语言。除此之外，这 4 个调查点的闽南方言分数介于"中""中高"的得分，最低为头份市的 3.06，显示闽南方言在这 4 个调查点，也具有一定的影响力。

整体而言，这 4 个客家调查点，客家话使用的评分，尚在"中"的得分。这次调查中，后龙镇客家人占比为 58%，虽多于当地闽南人的 42%，但其客家话能力却大幅衰退，显示了在闽客交杂的区域，或是闽南人达到一定比例的乡镇，客家话更容易封闭在"客家人内"。

针对这次的调查结果，我们提出以下两点建议。

1. 区域性的语言保护策略

我们认为区域性的语言保护策略是必要的，比如在客家人为主的县市，让会说客家话的人，拥有更有利的入职条件。比如苗栗市的公职人员，获得客家话初阶、中级或中高级证书者，给予一定的考试加分，让更多的客家子弟回到客庄工作，或使非客家人主动学习客家话。

2. 小区的"亲子共读故事会"

从数据中，我们发现头份市、三湾乡、后龙镇、造桥乡这 4 个调查点，在客家话的读、写能力上，普遍都很差。在提升客家话字的识读能力上，我们建议在小区内推广"亲子共读故事会"，编写孩子感兴趣、图画性强的客家话绘本和童话书，并制作相应的动画与电子书，最大限度扩大客家话的阅读与传播范围。

（台湾静宜大学 彭心怡）

新北市地名调查报告

本报告以《台湾地名辞书·卷十六·台北县》（2013）为基础，统计新北市各区的现存地名，查阅《中华人民共和国地名词典·台湾省》（1990）、《中国地名通名集解》（1993）、《地名与语言学论集》（1993）等相关资料，对现存地名进行分类整合，梳理出台湾省新北市地区的地名文化资源。

新北市原名台北县，2010 年 12 月 25 日撤县设市，定名为新北市，所辖 29 个乡镇亦改为区。新北市位于台湾省北部，为台湾人口最多的行政区，亦是台湾省第一大城市。新北市全境环绕台北市，东北侧三面环绕基隆市。新北区域大，地理上包围了台北和基隆，后两者在行政区划上不属于新北。

一　通名

地名一般由专名和通名构成，通名指某些专有名词中反映类别属性的部分。地名中的通名是指描述地理实体和地物类别属性特征的功能性词语。新北市地名中的通名可分为以下 3 类。

（一）自然地理实体的通名

包括顶、坪、湖、溪、埔、崁（嵌、坎）、坑、崙、岭、坵、埕、崎、岩、礁、堀（窟）、海、澳、潭、沟、洞、岛。

新北市多山海地形，其自然地理实体通名体现了这一特点。"埔"在闽南方言中指平地或倾斜度轻微的平坡地，海边称海埔，砂地称砂埔，草地称草埔。"坪"指平地，范围比埔小。"崁"也作"坎"，指陡直的山崖、山谷，台湾也有用本字"嵌"的。"崙"指坡度小的山冈，与昆崙的崙不同调，为民间俗字。"坵"指小土山、土丘。"埕"指宽平之地，即"场子"。"崎"指弯曲的岩岸。"堀"同"窟"，指洞穴、沟壑。"澳"指小海湾。"潭"指深水处。

（二）人工建筑物的通名

包括门、桥、港、厝、寮、埕、巷、陂（埤）、洋、墓、圳、磘。

"厝"是带有浓厚地方特点的通名，闽南一带常见以"厝"为居民点的通名。"厝"本指房屋，与房屋的位置、数量、结构、状况结合作为地名。"寮"指简易的棚子、小屋，闽人入台垦殖农林时，这种简易的临时搭盖最适用，这类地名是台湾农林文化的表现。"陂"指拦河堤坝、水库。"圳"指田间水渠。"磘"指石灰窑或瓷窑。"洋"表示平坦的大片水田。

（三）行政区划或聚落通名

包括市、区、乡、村、里、庄、路、社、街。

新北市辖区有板桥、汐止、新店、永和、中和、土城、树林、三重、新庄、芦洲、瑞芳、三峡、莺歌、淡水、万里、金山、深坑、石碇、平溪、双溪、贡寮、坪林、乌来、泰山、林口、五股、八里、三芝、石门等29个区，其中"三峡""泰山"地名与大陆的地名（山名）同名，以取其荣。每个区下设有里（或村）。市、区、乡、村、里、庄、路、社、街等政区通名，沿用大陆惯用通名。台湾以"社"为通名者是土著同胞的部落。闽人迁入台湾，相继形成聚落，多以"庄""里"为通名，以示区别。

二　专名

地名中的专名即就个体事物抽象概括的符号，从命名方式来分析专名，既可以直观地了解地名的突出特点、历史源流、生活生产活动、宗教心理、军事活动、民族融合、人口迁徙等，也可从中体会本地居民的人口构成、审美心理与思维方式等方面的内容。

常见的专名是由通名语素和方位词、数量词、形容词或一般名词组合而成。地名中通常使用的形容词有：大、小、长、尖、圆。表示方位的词有：上、下、后、中、内、头、口、尾、顶、脚、东、西、南、北、边、势、墘。"势""墘"具有典型的闽南方言特征，"势"指方位、位置，"墘"指边缘。有数量词加通名的，如三块厝、六块厝、七块厝，指开辟之初曾建有三座房屋、六座房屋、七座房屋。也有不加通名，直接用数量词的，如百六戛，指有山田一百六十甲。

新北市地名从语源看，主要以共同语地名为标准地名。有个别方言地名、民族语地名、外来语地名。（1）方言地名，如车埕埔，"车埕"是"车场"的闽南方言发音，指自然形成平坦停车之地。三空泉，"孔""空"闽南方言同音，指三孔泉水。窟仔底，"窟"是闽南方言，指低洼地。闽南方言的松多用于指称"榕树"，如倒松、松仔脚、五脚松。百六夏，有山田一百六十甲，闽南方言夏、甲同音。"乌"是闽南方言表示"黑"的专用字，如乌山头、乌桥头、乌桥仔头、乌桥仔坑、乌石嵛。（2）民族语地名，如诗朗，泰雅语"水池"（shiron）一词的音译。番仔窟，早期曾是平埔人龟嵛社部落所在，汉人称之为"番仔"；还有番仔田（曾有潘姓平埔人在此垦殖）、番仔坑、番仔山、番社、番社嵛、番社前、番社后、番婆林、番仔埔等。（3）外来语地名，如三峡区，原名"三角涌"，日语"三峡"音读近似"三角涌"的闽南方言，日据时改名。淡水红毛城，古称"圣多明哥城""安东尼堡"，由当时占领台湾北部的西班牙人所兴建，之后荷兰人重修。台湾人称荷兰人为红毛，故名红毛城。另有"红毛土桥"。

本文借鉴李如龙先生"地名的命名分类法"，对专名进行内容分类。

（一）自然景观及地理位置

有直观描述自然景观及地理位置的，如：高厝坑、北势、庄仔内、后街子、沙嵛、淡海、山脚、港子平、嵌顶、嵌脚、下圭柔山、中洲子、安仔内、小坑仔头、店子后、下田寮、车路脚、前洲子、后洲子、溪口、水尾仔、后寮、山子边、山子顶、石壁脚、渡船头、西门、中庄、下庄、海墘厝、田心、过沟子、车路崎、海尾、阳住坑、大龙磅崎、大溪坪、大圳脚、灯台口、田尾、后湾、寮仔脚、港尾仔、农仓后、田中央、崩山口、尖山湖、石壁脚、坪顶、嵌底寮、中礁、石门坑、崎顶、内阿里磅、小坑尾。

也有部分地名用比喻手法模拟地形地貌的，如：烘炉地，指此地云雾缭绕如同香炉；牛角坑，地形像牛角；粪箕湖，地形像粪箕的盆装地形；大龟嵛、龟子山，地形隆起形似龟壳；犁舌尾地形像农具犁的尖部；牛灶坑、土牛沟，地形像牛背之；鸭舌埔，地形像鸭舌；莺歌溪，此地山上有一块突出的岩石形似莺歌；鼻仔头、崩山鼻、车埕麟山鼻、大鼻心、鼻尾、鼻心、下鼻、土地公鼻、深仔沟鼻，地形似鼻子。还有蛇仔嵛、猪槽窟、火烧仔坑、铰剪隙、鼻仔尾、狮子头、狮尾、龙形、牛轭潭、猪槽潭、白米瓮仔沟等。

（二）自然资源

有涉及动物的地名，如：熊空（此地曾有黑熊出没）、阿狗坑、山猪堀、蝙蝠洞坑、猴洞坑、猴洞孔、马场山、鹿寮、鹿仔场等。海边多以海产品为地名，如：紫菜窟、毛蟹窟、田螺穴、龙虾穴仔窟、鳌龟湾、破蚵碇。

新北市气候非常有利于水果、植物、藻类的生长，许多村落以此为地名，如：树梅坑、内柑宅、桔仔坑、芭乐埔、粟仔凹、蔗廊、蔗埔、茄苳脚、西瓜埔、瓜仔窟。山区植物繁茂，多以此为地名，如：内竿蓁林、赤木崎、椿子林、桂竹园、大竹园、草索子寮、竹仔市、细姨街桂花树、南势埔、松仔脚、倒松、五脚松、大芊林尾、芊尾崙、枫子林、竹篙湖、九芎林、滴水崁、九芎仔湖、大茅埔、竹子湖、茅仔埔、茶田仔、柏仔林、白匏子岭、枫树脚、枫柜斗湖内、梅仔埔、柑仔坑、下竹园、尾竹园、竹港仔、樟树窟、龙眼湖等。

涉及矿产资源，如：出磺口、石头崙、石头埔、石角仔、石头棚、沙崙、赤土窟、砂场、沙崎脚。

（三）人工建筑或设置地

反映建筑的地名，通常使用井、桥、楼、窗、田、亭等语素，如：古井脚、大埕、瓦厝、四栈桥、圆窗、三板桥、撞破船沟、乌桥仔头、十块尾仔、破厝窗仔、五十六坎、九坎、七坎仔、十八份、红毛土桥、乌桥头、八角楼、板桥、凉亭（供人歇凉之地）、和尚田、土楼仔厝。反映建筑的地名，也有不用类别语素的，如：五间仔、九间仔、十八间（表示村落形成初期该地有房屋五间、九间、十八间，直接用房屋的数量表示）。

这类地名有表示手工业、商业聚集地的。台湾缺乏瓷土和瓷窑，但新北市也有不少瓦窑、石灰窑，如：灰磘仔、灰磘脚，该地多蜂窝状隆起石灰岩，曾设窑烧制石灰；瓦磘坑、砖仔磘，曾设砖瓦窑场。顶仔店、青林坑，当地人称菁礐坑，曾有蓝染产业；打铁坑，曾数间打铁店。其他还有八角竹园、竹篙厝、瓦厝内、麻埔、布埔头、布帆崎、协兴街等，涉及铁、竹、瓦、布等的加工和交易。这类地名有表示粮食生产及交易的，如：蕃薯里，康熙年间泉州张姓人在此筑屋种植番薯；油车口，清乾隆年间泉州郭姓人在此开油坊，该地为入口处。还有米粉寮、米市、米市巷、碾米间、粉寮、豆干厝、大稻埕、大稻埕埔、面线埕、盐馆、油车仔、糖厂、咸菜巷、买菜崎、菜园、菜寮、烘炉间、挑水巷等。这类地名有表示牲畜养殖的，如公埔子，开辟初为公用牧场。还有羊稠子、牛埔子、牛寮埔、大牛稠坑、牛屎崎、猪屠口、阉猪汴、牛稠坑、牛路坑、大牛稠、牛灶坑、羊仔坑、羊仔山、猪哥巷、猪仔屠、猪哥寮店、阉鸡山、塭仔肚、母鸭港、鸭母寮仔等。这类地名有表示农田灌溉管理的，如：水碓，该地曾有水力碾米的器械

"礁";坡仔墩,又名"埤仔墩","坡""埤"同义,指灌溉用的水塘;大埤头,此地曾有大埤蓄水灌溉;二阄里,先民开垦时按抓阄分配田地。还有公田、车田仔内、水车等。这类地名有表示交通的,如:牛车沟,牛车可经过的沙洲浅滩;烽火,货轮进入淡水河,燃放烟火通知工人卸货。还有土车间、车仔头、牛路、牛路崎、车路、二月船窟、关渡码头等。其他表示聚集的地名,如:硬汉岭、脑寮(集会所)、会社地、国利新村、剑门仔、戏棚地、演戏埔脚、戏馆巷、大陇埔、店仔口、菁仔邸、大寮口、大井头、茶馆内、喫茶寮、中茶寮、茶馆巷、茶寮仔、茶公司、茶场、工厂脚、贼仔埔、杀人墓。

(四)人物族姓

有用先贤时彦人名的,如:成功里、延平里,郑成功被封延平王,以其人名、职官名作地名,纪念郑成功;正德里,为时任县长林丰正、镇长李文德二人之名的缩略合成。再如红秋山、茂兴店、碧公坤、云广坑、阿宗坑、启仔坑、阿南坑、阿四坑等地名前二字均为人名。

先民往往按照族姓聚居,因而新北有不少以姓氏为聚落命名的,如:陈厝、褚厝、杜厝、潘厝、黄厝、洪厝、江厝、廖厝、罗厝、连厝、李厝、梁厝坑、刘厝埔、彭厝里、秦厝、邱厝巷、苏厝、宋厝、吴厝、王厝营、翁厝、萧厝、谢厝坑、徐厝、许厝、杨厝、余厝、张厝、詹厝、曾厝、周厝、邹厝崙、郑厝、卓厝、刘厝埔。

早期闽人到新北,为了抵御天灾,或协力拓荒,或防止当地居民侵扰,常常会邀请同祖籍地人同居一处,这些聚落也常用家乡祖籍地名为新地命名,体现了入台先民对祖籍地的怀念,如:林口村,与祖籍地福建晋江县罗山乡林口村同名;漳普坑,移用"漳浦"县名,"漳普"为"漳浦"的闽南方言谐音;兴化店,福建兴化府人迁入,曾在此聚居、开店。此外,还有泉州里、漳州寮、汕头、永春里、南靖里、南靖厝、同安里、连城里、安溪里等闽台同名地名。

(五)记载历史变迁

地名不仅是乡土地理的参考书,也是地方历史的资料库。反映变迁的地名,如:新店,清咸同年间逐渐形成街市,发展较晚;新厝,清道咸年间形成集市,相对米市街发展较晚;新义里,即新划分的里,以原有地名"新兴里""大义街"各取一字合称。其他还有新厝、新寮、新塭、新埔、新社、新塚、海湾新城、旧役场、旧塭、后庄仔、后埔仔、旧社、古庄等。

（六）寓托性地名

有反映道教、佛教的，如：观音路、观音坑、和尚港、土地公埔、大道公山、三界公田、三界公坑、关帝庙口、雷公崎、石土地公、文昌街、王爷宫、七祖坛。有反映地方性宗教文化尤其妈祖信仰的，如：祈福保生宫，保生大帝本宋代乡村医生，因医德高尚、医术高明，去世后被奉为医神，称为道教俗神，该神像早年曾奉祀于泉州同安蔡氏宅；义山集应庙、坪顶集应庙，主祀保仪尊王，俗称"尪公"，原供奉于福建安溪大坪村集应庙，明末清初随着大坪村民入台而香火远播。还有妈祖宫口、妈祖厝等。

有反映吉祥嘏词的，如：民生里、民权里、幸福里、中兴里、民安里、清文里、永吉、长庚里、新生里、新春里、义山里、忠山里、兴仁里、贤孝里、屯山里、中和里、忠寮里、凤鸣里、凤福里、凤祥里、弘道里、添福里、福德街、宫兴福寮、嘉溪仔坑、瑞树坑、欢仔园、猪母穴仔、富贵角、允龟桥、福隆山、金包珠。

三　思考

地名是最直观的本土文化，融入日常生活之中。新北市地名所涵括的各类文化信息丰富，体现着居民对生活环境的观察与寄寓。通过调查研究，新北地名有6个特点。第一，新北市描述性地名占比最大，最直观地反映着所属地与周围地貌。第二，一些旧建筑历经拆迁与变更而消失，取而代之的是新建筑中有关旧建筑的名字与特点。第三，闽台文化的交流之中，闽音雅化一些过于通俗的本音表达，如石碇区的"崩山"，可能因发生过山崩而得名，换成吉利的字眼雅化为"彭山"。第四，新北宗教多为中国本土的道教，其中尤其受闽南地区妈祖文化的影响。第五，与历史有关的部分地名，如国民党统治初期建成的军事领地"空军寮仔"等体现了当时的军事部署位置，地名在其中承载了一部分记录历史事件的作用。第六，曾经的人民生产活动有较为明确的地区分工。随着社会文化进步与生活质量提升，一些不合时宜的地名被更改，更加符合当下的需求，例如"打水仔"更名为"兴福寮"。统观新北地名，存在以下问题：地名中仍存在着一些低俗和不雅的因素，如"摸乳巷仔""牛屎崎"等；一些地名使用频率过高，在不同地方反复出现，如顶寮、田心仔等。

（福建师范大学　陈　鸿、陈怡颖）

台湾地区中小学语文教材课文主角及其话语叙事状况*

台湾地区中小学语文教材的选用，以篇章为单位，以主题为单元，要达到"识字、认人、学事"的目标。语文教材通过课文，要实现"认人、学事"的文化培养目标。"认人"是"学事"的前提和基础，课文主角是民族形象、历史记忆与文化传递的重要媒介，具有典型性与基础性，是历史及当前社会人群的集中写照。围绕主角建构起的教材话语叙事具有情节性和倾向性，是对民族文化印象的鲜明塑形。

中小学语文教材课文主角及其话语叙事是构成学生"元语言"的文化底色之一。调查台湾地区当前 3 套中小学语文教材课文主角的类型、数量和分布，观察具有典型文化特征主角的教材话语叙事状况，可为我国未来母语教育的融合发展提供参考。

一 研究方法

本次调查采用的是台湾地区康轩文教集团、南一书局、翰林出版社 3 家机构出版的 3 套中小学语文教材，2019 年至 2021 年间出版，包括 9 个年级 54 册 218 个单元 719 篇课文。以课文篇章为单位形成记录，在主角类型与话语叙事两套指标体系基础上建立台湾教材课文主角语料库。主角类型指标是课文主角的内容，话语叙事指标是课文主角的教材表达形式，二者共同建构起语文教材主角系统。

主角类型指标参考苏新春、赵怿怡（2020）[①] 课文题材标注体系，形成台湾课

---

* 基金项目：教育部 2020 年度哲学社会科学重大课题攻关项目"海峡两岸统一进程中的语言政策研究"（20JZD043）、国家语委 2022 年度重点项目"中小学教材语言使用规范研究"（ZDI145-29）。

[①] 参见苏新春、赵怿怡《新中国首套中小学语文教材的时间空间人物研究》，《江西科技师范大学学报》，2020 年第 3 期。

文主角的 12 个类型。主角是指课文篇章中的人物、形象或核心内容，分为有人物出现与无人物出现两个大类。无人物出现的标注为常识环境（包含自然环境、人工环境、各科知识等为主且无人物出现的内容）。有人物出现的从职业与身份两个角度划分类型：职业，针对课文中的人物来标注，包含农民（农林渔猎等）、军人、行业人士（有明显行业标志[①]）等；身份，包含少年儿童、家人家庭、领袖、拟人形象（动植物拟人化）、文人（文学家以及文本中有显性或隐性的叙述者[②]）、虚构人物、英雄等。职业与身份有部分交叉重合的以课文内容为判定标准，不交叉分类。

话语叙事指标参考英国莫克·贝娜（2006）[③]的话语叙事策略体系，将编者在教材中如何设计、安排和处理课文的方式作为教材话语叙事的主要内容。本次调查按照课文所在位置提取单元主题、选文编辑程度、篇章态度 3 类话语叙事信息，从编者视角观察语文教材如何通过教材话语叙事来呈现安排课文。单元主题为教材按照一定的课文内容类别组元设计的类型，分为人与自我、人与自然、人与社会三大主题。选文编辑程度按照课文进入教材的处理手法分为自编、节选和改编 3 类。篇章态度是指综合考察课文所在单元和课文呈现的赞扬或批评的态度形成褒扬、中性和批评 3 类指标。

二　课文主角数量及分布

3 套教材课文总数 719 篇，包括康轩 233 篇、翰林 246 篇、南一 240 篇。3 部教材分为 4 个学段[④]，第一学段 156 篇课文、第二学段 168 篇、第三学段 167 篇、第四学段 228 篇。

（一）主角类型的数量情况

如图 1 所示，3 套教材主角类型的数量占对应出版社总课文数的比例分布大体一致，有高于 20%、9%—15%、6%—10%、低于 5% 4 个较为集中的分布区间。占比高于 20% 的主角类型有儿童、文人两类。儿童作为课文主角符合少年儿童的

---

①　行业人士往往在课文内有明显的职业标志，比如医生、警察、建筑师、商人等。

②　文人一般在课文里没有明显的职业标志，也看不到其他身份，但从文章内容及叙述上有隐含的人物或作者视角，比如文化旅行散文、诗歌中的叙述者"我"。

③　Baker, M. 2006. *Translation and Conflict: A Narrative Account*. London: Routledge.

④　1—2 年级为第一学段，3—4 年级为第二学段，5—6 年级为第三学段，7—9 年级为第四学段。

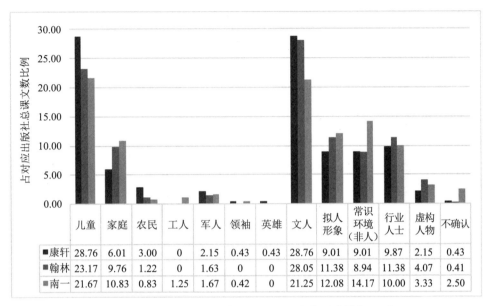

	儿童	家庭	农民	工人	军人	领袖	英雄	文人	拟人形象	常识环境（非人）	行业人士	虚构人物	不确认
康轩	28.76	6.01	3.00	0	2.15	0.43	0.43	28.76	9.01	9.01	9.87	2.15	0.43
翰林	23.17	9.76	1.22	0	1.63	0	0	28.05	11.38	8.94	11.38	4.07	0.41
南一	21.67	10.83	0.83	1.25	1.67	0.42	0	21.25	12.08	14.17	10.00	3.33	2.50

图1　3套教材课文主角类型数量占比分布图（单位：%）

认知要求，中小学语文教材应呈现出较高的占比。语文教材中名家名篇较多，以著名作家的名篇散文为课文，文本主角多以作家为对象，因此文人为主角的课文占比也较高。3套教材中的拟人形象、常识环境、行业人士的占比均在9%—15%，与语文教材的教学目标和任务密切相关。拟人形象与儿童的认知要求有关，常识环境类课文多以说明介绍知识性内容为主，行业人士所在的课文多为语文教材有意识介绍社会职业分工而设计。家庭主角类型3套教材的占比大致在6%—11%之间。3套教材均低于5%的主角类型有农民、工人、军人、领袖、英雄、虚构人物以及课文主角不确认7类，前6种主角类型往往带有较多的历史文化信息，但在教材中占比极低。

（二）主角类型的学段分布

如图2所示，3套教材课文主角类型占比随学段升高的变化呈现3种分布：随学段升高占比下降、随学段升高占比升高，以及无明显伴随学段变化。儿童、家庭、拟人形象呈现出明显随学段升高占比下降的分布特点，这3类主角与儿童认知特点密切相关，随着年纪的增长对应年级的课文主角逐渐减少符合中小学学习的规律。文人、行业人士呈现出明显随学段升高占比升高的分布特点，与这两类有关的名家名篇、社会职业分工的课文占比增高，与语文教育中逐步提升知识难度和广度的教育目标有关。常识环境、虚构人物两类主角未呈现出与学段伴随的分布变化。

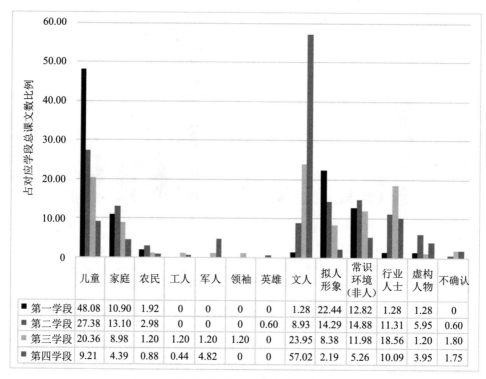

图2 主角类型学段占比分布图（单位：%）

	儿童	家庭	农民	工人	军人	领袖	英雄	文人	拟人形象	常识环境（非人）	行业人士	虚构人物	不确认
■ 第一学段	48.08	10.90	1.92	0	0	0	0	1.28	22.44	12.82	1.28	1.28	0
■ 第二学段	27.38	13.10	2.98	0	0	0	0.60	8.93	14.29	14.88	11.31	5.95	0.60
■ 第三学段	20.36	8.98	1.20	1.20	1.20	1.20	0	23.95	8.38	11.98	18.56	1.20	1.80
■ 第四学段	9.21	4.39	0.88	0.44	4.82	0	0	57.02	2.19	5.26	10.09	3.95	1.75

农民、工人、军人、领袖以及不确认主角这5类由于数量极少也未呈现出伴随学段变化的分布特点，从学段来看第三、四学段是引入这5类主角的主要学段。

三 典型课文主角类别的教材话语叙事特点

语文教材作为综合性的再编辑文本，所收课文在教材中的特定位置，同时还体现所在单元主题、课文处理程度以及篇章态度等信息。不同主角的课文放在哪些单元、选文编辑程度以及课文呈现的褒贬态度是教材话语叙事的主要手段，可以进而观察课文主角具有的隐性信息与潜在功能。

（一）儿童为主角的教材话语

3部教材中以儿童为主角的课文共有176篇，约占课文总数719篇的24%，共分布在103个单元中。如图3所示，三大单元主题中以儿童为主角的课文占比均呈现出随着学段升高而下降的趋势，该类课文在第一学段的三大单元主题中占比最高，人与社会单元主题的课文数在各个学段的占比均较高。"人与自我"单元

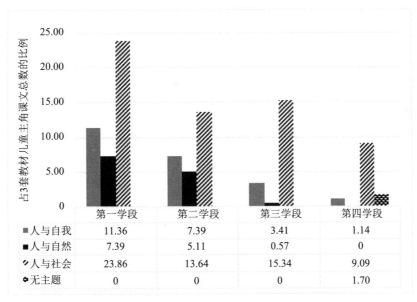

	第一学段	第二学段	第三学段	第四学段
■ 人与自我	11.36	7.39	3.41	1.14
■ 人与自然	7.39	5.11	0.57	0
⊘ 人与社会	23.86	13.64	15.34	9.09
⊘ 无主题	0	0	0	1.70

图3　儿童为主角课文的单元主题学段分布情况（单位：%）

主题较为突出"认识自我"的教育目标，单元主题多聚焦"个体经历"，包括快乐、感恩、有趣、滋味、启示、思考、有情、修养等内容，这类主题的文本题材多与儿童个体成长的经历有关，以"我"的视角集中在个体成长的内在体验，多个体感悟，有小集体的内容但少大集体角度的成长感悟与经验。"人与社会"单元主题较为突出"情感熏陶"的培养目标，社会主要聚焦为"个体环境"，包括童年、朋友、社区、人间、台湾、世界等内容，这类主题对应单元下的文本题材多与儿童个体成长的小环境有关，大部分环境的地理位置在台湾，世界环境的文本较少，以中国视野出现的环境极少。"人与自然"单元主题突出"自然环境美"和"保护环境"的培养目标，出现的环境大多为"台湾岛"和"乡土田园"。

以儿童为主角的课文选文一共有3种处理方式，自编课文78篇、节选85篇、改编13篇。自编课文集中在第一学段，与低年级儿童的学习、家庭生活密切相关。节选课文在4个学段均有分布，一般是长篇文学作品中的局部篇章。改编课文集中在第二、三学段，涉及日本、美国、英国、俄罗斯等国的名作名篇有5篇，涉及台湾本土作家作品有6篇，涉及大陆作家作品有1篇《神笔马良》。《神笔马良》改编后删减了马良的农民身份、县令与村民的情节、故事发生地河南等信息，保留了马良神笔画物成真、皇帝贪心争夺等基本情节。

该类课文176篇中有131篇为中性态度，占比74%；呈现明显褒扬态度的有39篇，占比22%；批评态度的有2篇，占比1%；不明确态度的有4篇，占比2%。

褒扬态度课文作者为台湾的有 21 篇，占 39 篇的 54%。

（二）农民与工人为主角的教材话语

3 部教材中以农民为主角的课文有 12 篇，以工人为主角的课文有 3 篇：二年级 3 篇、三年级 4 篇、四年级 1 篇、五年级 3 篇、六年级 1 篇、七年级 1 篇、八年级 1 篇、九年级 1 篇，年级分布较为松散。两者所在单元主题均为"人与社会"。以农民为主角的课文内容分为两类：一类是台湾田园风情与乡土情怀，单元主题包含台湾风情、家乡行脚、乡土情怀等；一类是品格与修养，单元主题包含品格天地、社区好邻居、生活的智慧等。课文中展现的农民身份与情怀更倾向于写意化、浪漫化的田园意向，并未出现具有我国农业历史特征的农民形象。以工人为主角的课文都出现在南一书局版本中，涉及水电工人和清洁工人两种职业，并未出现我国现代化以来产业工人的形象。

以农民工人为主角的课文处理方式有 3 种，自编课文 3 篇、节选 8 篇和改编 4 篇。改编的 4 篇课文分别是《等兔子的农夫》《勇士射太阳》《神射手与卖油翁》《性急的农夫》。《等兔子的农夫》改编自成语故事"守株待兔"，《性急的农夫》改编自成语故事"揠苗助长"，这两篇分别出现在康轩二下、翰林三下，后者注明改编自《孟子》，前者则无注明出处。两篇均将文言文改为白话文，以适应二、三年级儿童的阅读要求，两个成语故事发生地"宋"均未保留在课文中。《勇士射太阳》改编自我国神话故事"后羿射日"，康轩二上改编为白话文，没有注明出处，课文中勇士的身份为村民，没有出现"后羿"的名字。《神射手与卖油翁》康轩三上改编自欧阳修的《卖油翁》，注明了出处，课文中没有出现带有历史信息的"陈康肃公"陈尧咨，也没有出现原文最后引用《庄子》的"解牛、斫轮"信息。

该类课文 15 篇中有 8 篇为褒扬、5 篇为中性、2 篇为批评。褒扬态度的课文与台湾风情、好品格、好修养以及服务精神密切相关，批评态度的 2 篇为改编农夫成语故事。

（三）军人与英雄为主角的教材话语

3 部教材中以军人为主角的课文有 13 篇，以英雄为主角的课文有 1 篇：12 篇课文所在单元为"人与社会"，2 篇课文所在单元为"人与自我"；四年级 1 篇、六年级 2 篇、八年级 9 篇、九年级 2 篇，年级分布较为集中。康轩四上《完璧归赵》是明确从塑造英雄角度所选入的课文，放入的单元为"阅读天地"。3 版教材中以军人为主角的课文，《空城计》出现 4 次[①]、《木兰诗》出现 3 次、《麦帅为子祈祷文》出现 3 次、《良马对》出现 2 次、《草船借箭》出现 1 次、《完璧归赵》出现 1 次，除去麦克阿瑟外都为中国古代人物。军人为主角的单元主题包含文学形式、涵养心性、智慧与言行等方面，麦克阿瑟出现的单元为"涵养心性和有情天地"，诸葛亮出现的单元为"前人智慧、文学长廊和应变之道"，岳飞出现的单元为"人物言行"。

以军人与英雄为主角的 14 篇课文有 2 种处理方式，节选 11 篇、改编 3 篇。改编的课文有《完璧归赵》《空城计》《草船借箭》。《完璧归赵》借用司马迁《史记》中的情节，用现代戏剧文学的方式改编为剧本，蔺相如机智、勇敢和忠于职守的品性是课文的主要内容。《空城计》《草船借箭》两篇改编为白话文后，课文重心放在计谋情节上，两篇课文中的诸葛亮均以"孔明"为名出现，全文未出现"诸葛"姓氏，与其对举的司马懿、周瑜、鲁肃等均以姓名出现。

14 篇课文中 12 篇为中性态度，褒扬态度的 2 篇为改编为白话文的《完璧归赵》《草船借箭》，没有批评态度的篇章。

四　结语

语文教材的课文主角是构成教学内容具象的"脸"，"脸"侧重于哪些身份、行业、领域，反映了编者对母语文化要素的选择，体现了编者对本土社会特点的归纳与提炼，影响了学生理解母语文化的情绪和力度。台湾教材的课文主角类型特征呈现出与台湾社会结构密切相关的特点，比如农民、工人主角形象的写意化、浪漫化、服务产业化，涉及当前社会各类行业，其中以新兴行业人士为主角的课文数量较多。课文中携带中华文化信息的主角多以古代人物、台湾身份出现，当代军人则以美国为代表，古代人物的再演绎化程度较高。

台湾中小学语文教材中的主角数量分布呈现两种类型：第一类，与教育对象认知相关的主角，当代社会背景更常见，数量较多、随学段变化而变化的趋势也更明显，如儿童、家庭、常识环境、文人、拟人形象、行业人士等；第二类，与历史文化密切联系的主角，具有鲜明倾向或典型文化代表性的形象数量较少，没

---

① 《空城计》康轩版出现 2 次，分别在六上、八下，前者为白话文，后者为文言文。

有随学段变化而变化的设计，如农民、工人、军人、领袖、英雄等。

台湾中小学语文教材课文主角的话语叙事有 3 个特点：首先，单元主题的设计更倾向于台湾风土人情、个人素质情操培养，上述两类主角的课文单元主题也均体现出这类倾向；其次，台湾地区作家作品以节选为主，大陆地区作家作品以及外国文学作品的改编程度较高，改编课文隐去了时空、历史等特征，再演绎程度较高；最后，课文篇章态度以中性为主，涉及台湾元素的课文往往褒扬态度较高，呈现批评态度的篇章多为古代作品。

（厦门大学嘉庚学院　杜晶晶；

厦门大学中文系　黄曼婷）

台湾地区汉语方言概要

据《台湾省通志稿·人民志·语言篇》（1954）所载：远在荷兰人渡台之前，已渐有大陆移民居住于澎湖群岛及本岛台南地方；自清朝始，大陆移民数量大增，并逐渐扩徙至台湾全岛。早期多为福建沿海泉州府及漳州府的闽南人，清朝中叶，广东客家人也开始大规模移垦台湾，由此台湾地区以汉族为主体的社会族群格局与汉语方言使用占主体的语言面貌逐渐形成了。

台湾地区的语言分布与族群人口的分布大体一致。《日台大辞典》（1907）首次从现代语言学意义上描述了台湾地区语言总貌，记录了当时台湾地区的通行语言主要是"漳州话、泉州话、客家话、蕃话（即少数民族语言）四种"，另有日语及其他汉语方言；并绘制有《台湾言语分布图》，直观显示了语言的地理分布状况。按照当时300万[1]人口的比例核算，闽南方言（漳州话、泉州话）使用者占比76.7%，客家方言使用者占比16.7%，少数民族语言使用者为3.7%（包括"生蕃"与"熟蕃"），其他汉语使用者为1.3%，日语使用者约1.6%。

100余年来，随着社会的发展，台湾地区的人口结构及语言面貌有所变动。据台湾地区行政主管部门2020年11月的人口普查"6岁以上常住人口使用语言情形（多选）"统计显示：主要使用或次要使用"国语"者占比96.8%，闽南方言者占86.0%，客家方言者占5.5%，少数民族语言者占1.1%。

综合学界多方面（张屏生2007[2]，罗肇锦、陈秀琪2011[3]，戴红亮2012[4]等）的调查研究，台湾地区的语言状况可以概括为："国语"的通行范围大幅扩大、通行程度大幅提升；所通行的汉语方言主要为闽南方言，客家方言已经式微，其他小众汉语方言快速萎缩；此外，也仍有小部分少数民族使用本族语言；近年来，还

---

[1] 清光绪二十九年（1903年），台湾举行第一次户口调查，总计585 195户，3 039 750人。
[2] 参见张屏生《台湾地区汉语方言的语音和词汇》，台南：开朗杂志事业有限公司，2007。
[3] 参见罗肇锦、陈秀琪《台湾全志·住民志·语言篇》，南投：台湾文献馆，2011。
[4] 参见戴红亮《台湾语言文字政策》，北京：九州出版社，2012。

有新移民语言也羼入语言社会之中。①

一 "国语"的使用与分布

台湾地区所称的"国语"指的是 1945 年以后大力推行的以"北平现代音系"作为标准音的通用语，其实就是"汉语普通话"。之后的半个多世纪，有关部门持续推进以学校教育为主轴的"国语"政策。这一举措的初衷在于消弭日语在社会生活中的使用，其成效是显著的，但是由于政策过于强硬，在 20 世纪 80 年代也引发了对这一政策的抗议。

台湾《联合报》曾于 20 世纪 90 年代抽样调查过 3 种不同环境中的语言使用情况，此时"国语"的使用范围小于闽南方言；至 21 世纪初期，有学者针对中小学生、大学生及台湾铁路车站的自由人群等不同社会群体使用语言情况进行了系列调查，"国语"在不同场合的使用率均已占有绝对优势；至 2020 年的调查则显示，"国语"的使用者占比已高达 96.8%。

与百年前的数据相互对照可以看出："国语"在台湾社会中的通行趋势日益强盛，已经超过闽南方言成为最为通行的交际语言，可以看作台湾地区的标准语。但是，台湾"国语"与大陆地区通行的"国语"稍有差异，如卷舌音不明显，较少儿化音，部分词汇意义有所差异，夹杂有部分闽南方言词汇等。

二 闽南方言的使用与分布

从 20 世纪 60 年代到 20 世纪 90 年代，闽南方言一直是社会上最为通用的交际语言，至 90 年代之后，逐渐降低了使用范围，大多在家庭内部及比较市井的场合使用，"国语"逐渐成为社会上最为通行的交际语言。但是闽南方言仍然是目前台湾地区使用范围最广、使用人数最多的汉语方言。需要指出的是，"国语"与闽南方言的使用并不是非此即彼的情况，而是以"'国语'＋闽南方言"的形式广泛存在，形成台湾社会特有的双言现象。

---

① 戴红亮（2012）曾将台湾地区的社会语言格局概括为"两大两小一分散"："两大"是指"国语"和闽南方言；"两小"是指客家方言和少数民族语言；"一分散"是指随国民党迁台的各省人所说的各种汉语方言，主要为江浙、湖南等省方言。随着社会的发展，原先尚有"分散"的各省方言其实已经随着老一代人的去世而不再留存，这些外省方言已经不再有使用传承的空间；同时，还有新移民语言羼入语言社会。

作为使用人数最多的汉语方言，闽南方言在台湾的分布范围也最为广泛，几乎所有最容易开发、交通最发达的平原、大盆地、岛屿都是闽南方言的分布区：主要在东北及北部海岸、桃竹苗海岸、苏澳以北的宜兰海岸、花莲市海岸平原、台东县富岗以南的海岸平原；西部由台中绵延至最南端屏东的大平原、宜兰平原；台北大盆地、南投埔里盆地、花东纵谷；澎湖群岛、小琉球、绿岛等大部分岛屿。这一分布现状与历史移民是密切相关的。福建南部沿海地区的泉州府及漳州府人最早迁台，人多势大，因而也最早占据了交通生活便利、资源丰富的区域。

由于来源不同及周边环境的差异，三百多年来，台湾各地的闽南方言已经形成与祖籍地各不相同的腔调。目前学界基本达成共识，台湾地区通行的闽南方言主要分为3种腔调：偏泉腔、偏漳腔、漳泉混合腔。这3种腔调的形成一方面与其祖籍地来源有关，如偏泉腔来自福建泉州，偏漳腔则来自福建漳州；另一方面则是语言环境的融合与互相影响的结果，如漳泉混合腔即是泉州腔与漳州腔混合的结果，一般被称为"漳泉滥"。3种腔调在台湾地区各有不同分布，综合学界调查研究情况，集中表现为表1所示。

表1　台湾地区闽南方言各腔调分布

方言类别	腔调名称	地域分布
闽南方言	偏泉腔	通行于台北、基隆，新竹至嘉义，苗栗除外的沿海一带。
	偏漳腔	通行于基隆到花莲沿海，以及台中、彰化、南投、云林等靠内陆地区。
	漳泉混合腔	通行于苗栗海线乡镇、高屏地区。

由于周边语言环境的不同，这三大腔调在不同地域又形成了不同变体。对于不同变体的界定，学界主要有两派观点。一派依词形、意义、音读等标准分为5个大区域：（1）台北、三峡、宜兰、大牛椆（北区）；（2）鹿港、台西、梧棲、草屯、仑背（中区）；（3）台南、小琉球、绿岛、高雄、屏东、加蚋朗（南区）；（4）金门；（5）澎湖（马公、湖西、吉贝）。有的研究则划分得更细，分为10个小片：鹿港偏泉腔、三峡偏泉腔、台北偏泉腔、宜兰偏泉腔、台南混合腔、高雄混合腔、金门偏泉腔、马公偏泉腔、新竹偏泉腔、台中偏漳腔。

还有学者指出存在两种被闽南方言同化后的人群所使用的方言：一是"福佬客腔"闽南方言，即客家人所说的闽南方言，这是客家人在闽南方言作为明显优势方言背景下的自然语言倾向，其中还可细分为汀州客、漳州客、潮州客、花东四海客的所谓"福佬话"；二是平埔腔闽南方言，即被闽南化的原南岛民族所说的闽南方言。这两种方言都有底层方言及语言的影响，呈现出与一般闽南方言不同的特点。近几十年来，随着新移民的大量涌入，带有新移民原居地特色的闽南方言也已出现。

三　客家方言的使用与分布

　　客家方言是目前使用人数最多的第二大汉语方言。虽然与闽南方言有很大的差距，但较于其他小众汉语方言来说仍然具有相对优势的地位。客观来看，当前客家方言的传承不容乐观，客家人的身份认同与客家方言的实际使用之间存在较大差距，有很多客家人已经不再使用客家方言。以数据对照来看，客家人占总人口数的12%，但是"主要使用或次要使用"客家方言的人口仅为5.5%（据2020年的人口普查数据），这与百年前16.7%的使用比例相比，已经大幅下降。

　　客家方言主要集中分布在北部的桃园、新竹、苗栗地区（常简称为"桃竹苗"），中部的台中东势、南投国姓，南部的高雄及屏东的六堆地区（即前堆〔屏东长治、麟洛〕，后堆〔内埔〕，中堆〔竹田〕，先锋堆〔万峦〕，左堆〔佳冬、新埤〕，右堆〔屏东高树、高雄美浓、杉林、六龟、甲仙〕），东部的宜兰壮围、花莲凤林、台东关山等区域，同时也零星分布在其他县市。相较于闽南方言来说，客家方言多分布在丘陵、山区等相对偏远、交通不便、资源匮乏的地区，这与客家人迁移时间较晚、人数较少密切相关。需要指出的是，台湾历史上客家人的分布范围是处于不断调整中的，如19世纪前期有几次出名的械斗，就影响了闽南人与客家人目前的分布格局，其总体趋势也是使得客家人更向山区及偏远处移徙。

　　对于客家方言的认知，主要经历了从来自福建的就是闽南方言、来自广东的就是客家方言的统而认之阶段，进而细化至汀州客、漳州客、潮州客的差异，再至详细划分为不同的腔调。目前较为一致的看法是，台湾地区的客家方言可以分为四县腔、海陆腔、大埔腔、饶平腔、诏安腔、南四县腔（2012年从原"四县腔"中分出）等6个主要腔调，以及其他一些小众腔调（如永定腔、汀州腔、长乐腔等）。这些腔调均由其祖籍地来源而命名，如四县腔客家方言的祖籍地来源主要为广东省梅州市（兴宁市、五华县、平远县、蕉岭县等地，统称为"四县"，旧属嘉应州），海陆腔客家方言的祖籍地来源为广东省的海丰和陆丰地区（旧属惠州府），诏安腔客家方言的祖籍地来源为福建省漳州市诏安县等。一直以来，以上各种腔调中均以四县腔与海陆腔分布最为广泛、使用人口最多，据台湾 2021 年的相关调查数据显示，其占比分别为 57.7% 和 44.4%，相较于其他腔调，占有绝对优势。综合学界调查研究情况，台湾地区客家方言来源及各腔调分布详见表 2。

表 2 台湾地区客家方言来源及各腔调分布

方言来源	腔调名称	分布区域
广东梅州	四县腔	桃园、新竹、苗栗地区
广东梅州	四县腔（南四县）	高雄、屏东地区
广东海丰、陆丰	海陆腔	桃园、新竹、苗栗、花莲部分地区
广东大埔	大埔腔	台中东势、苗栗卓兰部分地区
广东饶平	饶平腔	桃园、苗栗、屏东、云林、花莲部分地区
福建诏安	诏安腔	云林、桃园、台中、新北、南投、宜兰、台东部分地区
福建永定	永定腔	台北西部、桃园、苗栗、新竹等部分地区
福建长汀	汀州腔	新北、彰化、桃园、嘉义部分地区
广东五华	长乐腔	桃园杨梅

近年来亦有学者指出，在四县腔与海陆腔的交界处，已形成四海腔（四县腔特点更多）与海四腔（海陆腔特点更多）两种新的腔调，其中又以四海腔最为普遍，即讲海陆腔客家话的人说四县话时所形成的腔调，这很有可能发展为以后台湾客家方言的优势腔调。

四 其他小众汉语方言的分布

20 世纪 40 年代末期，当时大约有 100 万的民众、军人及官员迁至台湾。这部分人群主要来自大陆多个省份，如浙江、江苏、山东、四川等。以军人及其眷属为例，早期主要相对聚集居住于台湾各地的眷村内。眷村的语言环境各不相同：如陆军眷村多以"国语"为主，空军眷村多以四川话为主，还有眷村以南京话、山东话为村内共同语。这部分方言常被统称为"外省方言"。但是到了 20 世纪 80

年代以后，眷村开始大量拆除改建，这种相对聚居的状态被打散，流通于其中的方言也不再具有生存发展的空间，直至逐渐萎缩、灭亡。

由于福建全省与台湾地区的地理优势，除了厦漳泉地区，福建沿海各域民众亦通过各种方式迁徙至台湾。故而，闽东方言、莆仙方言等也在台湾有所分布。目前学者所调查到的马祖列岛上就分布有来自长乐、连江、福清和罗源的闽东方言次方言，金门乌圻地区分布有莆仙话，台湾桃园新屋赤栏村的水流地区的罗姓家族使用带有官话、海陆腔客家方言、闽南方言和日语成分的军话。但是，由于年轻人求学、工作的需求，加之外界大语言环境的影响，这些通行于特定区域的小众汉语方言也面临萎缩与灭亡的危机。

（集美大学　陆　露）

台湾所谓的《"国家"语言发展报告》简况

2019 年台湾地区有关部门公布所谓的《"国家"语言发展法》，2022 年 8 月研制所谓的《"国家"语言发展报告》。该报告共有 6 章 15 节、3 个附录、26 个图目录及 34 个表目录，着重阐述了 4 个方面的内容：（1）所谓的面临传承危机的台湾语言种类、使用及活力情况；（2）供台湾各机构参考使用的口语名称及书面建议用语；（3）各机构推动语言发展业务情况；（4）所谓的语言"复振"措施建议。

一　所谓的面临传承危机的台湾语言种类、使用及活力情况

（一）所谓的面临传承危机的台湾语言种类

台湾以 2020 年"面临传承危机台湾语言调查"结果和联合国教育、科学及文化组织濒危语言小组提出的 9 个语言活力指标作为评估语言濒危程度的依据，认为只有"国语"才是"无传承危机台湾语言"，而台湾少数民族语言、客家方言、闽南方言、福州方言等都应视为"面临传承危机台湾语言"。大多数平埔语已不是有活力语言。

（二）所谓的面临传承危机的台湾语言使用及活力情况

第一，在语言流失率方面，除"国语"以外的每一种台湾语言，均面临家庭母语使用人口大幅流失的危机；第二，在世代传承情形方面，依据"与父母亲交谈主要使用的语言""与配偶交谈主要使用的语言"，以及"与子女间交谈主要使用的语言"三者占总调查人数的比例，显示闽南方言在三代之间的使用率降了近 6 成，客家方言则降了 7 成，少数民族语言和福州方言更降了 9 成；第三，在语言使用场域方面，除"国语"外的其他语言在公共领域的使用远低

于私人领域。

此外，目前台湾社会上的语言环境及语言使用状况已出现较明显的区隔，"国语"成为广泛交际语言，在各类官方文书及相关正式场合中普遍使用。其他的例如少数民族语言、客家方言、闽南方言、福州方言等则使用于家庭、聚落等私人领域，也扩大使用于县、市、乡、镇等区域。若从较大范围的地域、公共领域进行划分，客家文化发展区以客家方言为主要通行语，少数民族传统区域以少数民族语言为通行语，台湾中南部工地及市集等地则多以闽南方言为通行语言。

二 提出"口语名称"和"书面建议用语"

报告还提出"口语名称"和"书面建议用语"等两种建议。

第一，口语名称，共归纳为 7 类 28 种，如"国语"、客家方言、闽南方言、福州方言和台湾少数民族语言等。

第二，关于书面建议用语，报告则以并列的方式提出各语别的书面建议用语，例如台湾少数民族语言、客家方言、闽南方言和闽东方言等。

三 各机构推动语言发展业务情况

该报告从 5 个方面盘点台湾各机构截至 2021 年相关规定、语言学习渠道、研究保存、建构语言使用环境、奖励措施等相关语言业务推动状况。

（一）推动语言发展业务情况

台湾有关部门于 2018 年修正所谓的《客家基本法》，规定包括"客家方言实施办法""推动客家方言教学语言奖励办法""客家方言能力认证办法""客家知识体系发展奖励补助办法"及"高级中等以下学校及幼儿园客家方言师资培育资格及聘用办法"等。有关部门于 2017 年制定所谓的《少数民族语言发展法》，从语言保存、使用、传习及研究四大方面推动少数民族语言发展，并于 2019 年制定相关细则。

（二）语言学习渠道

目前台湾各单位从"各阶段语言学习课程""语言认证""师资培训""特别课

程"等方面来开展语言教学。

1. 各阶段语言学习课程。（1）强化语言教学体系。报告规定自 2022 学年起，所谓的"本土"语文课程列为小学阶段、七年级、八年级必修课，每周一节；列入九年级弹性选修课；列入高中阶段必修课 2 学分及校订课程选修 4 学分。此外，福州方言课程将于 2022 学年起，也纳入课程体系，供学生选修。（2）提升数字学习。目前台湾各机构正推动相关数字学习教材工作，使偏远地区学生也能享受较好的学习资源。

2. 语言认证。台湾自 2001 学年开始实施乡土语言教学以来，目前已经有 3 种语言实行认证考试，分别为少数民族语言、客家方言、闽南方言。至于福州方言，其语言认证考试制度正待建立。

3. 师资培训。自 2020 学年启动师资职前培育以来，通过职前培育、学士后教育学分班及在职进修第二专长学分班培育语文师资。

4. 特别课程。部分少数民族语言的传承危机较其他语言更大，因此制定了包括专职的语言保育员、专门的濒危语言学习规划（师徒制）等课程，以抢救濒危少数民族语言。

（三）研究保存

在辞典编纂及新创词方面，目前台湾地区仅少数民族语言、客家方言和闽南方言在辞典的建构上较完整，福州方言辞典规模目前尚有不足。在语言数据库建立方面，台湾有关部门 2019 年委托台湾大学制定"建置台湾语言数据库先期规划研究"计划，并已创建少数民族语言、客家方言和闽南方言的语料库，福州方言尚未创建语料库。

（四）建构语言使用环境

1. 推动所谓台湾语言传播保障。目前台湾设有闽南方言、客家方言和少数民族语言电视台，提供闽南方言、客家方言和少数民族语言的电视节目服务。而福州方言，近年来相关单位也从地方特色的角度考虑，充实其影视内容。马祖地区亦有相关地方新闻或节目用福州方言播报。

2. 建构多元语言生活环境。台湾各机构近年来推动所谓多元语言生活环境的策略，主要从日常生活、家庭、学校三方面着手。日常生活方面的业务规划包括提升多元语言文化使用效果、整合通译资源；家庭方面的业务规划是鼓励家庭亲子共学；针对学校则强化学习资源，提升使用环境。

（五）奖励措施

目前对面临传承危机的语言，台湾各有关机构均依权责对闽南方言、客家方言、少数民族语言实行奖励补助或支持措施。在多元面向补助方面，整合机关与民间团体的资源、创意与能量，共同推广语言传承与发展。在竞赛活动方面，设置各类语言奖项，如语文竞赛、相关语言文学奖、金曲奖、台湾原创流行音乐大奖、台湾文学创作奖等。此外，还针对特别情形或事宜给予绩优表扬。

四　所谓的语言"复振"措施建议

该报告从"落实语言生活化""推动语言现代化"和"特殊语言以特殊形式保障"3个方面，提出推动台湾所谓的语言"复振"的措施及建议。

（一）落实语言生活化

报告指出，落实语言生活化是台湾地区语言"复振"的首要课题，具体措施包括：

1. 营造语言使用环境

其一，采取可于家庭及小区推动的措施。在家庭的语言"复振"措施，例如在育儿信息中增加语言学习的相关内容，鼓励医院诊所在育儿讲座时说明或放置相关文宣，制定"语言家庭推动及奖励办法"，鼓励家长在家庭中传承所属群体习惯使用的语言。对于提供有意愿的照护者足够的语言支持机制，开设亲子共学的语言课程，鼓励照护者参加语言学习课程或通过语言认证考试，鼓励设立语言共学团体。在小区（邻里）的语言"复振"措施，例如建立托育语言巢，建立小区人或所属群体惯用语言的学习据点。在课程设置方面，先在各地开设小区种子师资培育课程，编制适合的教材，鼓励小区推动"一小区一语言"的策略。针对有严重传承危机的语言，持续加强濒危语言师徒制计划。

其二，加强公众领域的多元推广。定期进行各类语言调查，掌握语言变化的趋势。召开相关语言发展会议。鼓励台湾地区公职人员提升语言能力，通过各语言能力认证予以升任加分或相关奖励。修改公职人员升任制度，将语言能力纳入升迁条件之一。

2. 建构所谓的母语学习环境

开设面临传承危机语言的相关课程。有效推动沉浸式教学，包括建立教学发展中心，委托教学发展中心建立沉浸式教学班级、学校的交流网络，创建各学习阶段的沉浸式教学资源网，结合家庭、小区与学校打造语言教育、学习网络。采用多语版课本译本、对照词典，具体做法是依附在现行教科书的基础上，研发各种语版的翻译本，并以这些课本为范围，编纂多语对照词典。

3. 推动所谓的母语主流化

其一，提升语言声望。在官方层面穿插使用这些面临传承危机的语言来发言、书写。在一些公开活动和仪式中，安排能够使用当地或符合活动取向的面临传承危机语言的主持人、司仪，并在活动中穿插一定比例的面临传承危机的语言。相关电视台及广播电台可以在重要事项中加入面临传承危机语言的转播。

其二，通过媒体传播发展。完善面临传承危机语言频道，交错使用各面临传承危机语言，补助电视台、电台的相关人员的培训活动和竞赛，发展促进相关网络社群。

（二）推动语言现代化

报告指出，要推动语言"复振"工程，亟须因应时代的趋势，妥善运用科技信息，有效进行语言解构与重构过程。

1. 建构语言基础工程

其一，公布书写系统标准。对闽南方言、客家方言公布推荐汉字和标准罗马字，民间使用全汉字、汉罗并用。共同研订并公布福州方言的标准书写系统。在少数民族语言方面，与各方协调，研订各方的标准化书写系统。

其二，在字词典编纂方面，相关单位持续搜集及扩充相关语料资源，优先研订标准化的书写系统，亦可先通过相关计划委托专业团队或学术研究单位，进行有系统的研究与规划。在新创词的研发与制定方面，在各语言的媒体播报方面，由顾问老师、新闻主播、播音员依自身经验及看法翻译。关于地名和人名的翻译，会同相关主管机关共同制定翻译原则，以科学的方法提出新词或人名、地名，再由较常用的词开始，公布各语言的音译及写法，逐步推动标准化作业。

2. 完备相关的语言认证考试

已完备闽南语认证考试、客家语认证考试、少数民族语言认证考试3种，福州方言尚未办理语言 / 方言认证考试。

3. 推广语言数字应用

发展语言输入法及语音识别系统，由固定的研究单位分语别分阶段逐步建立、完善语音识别系统。建立跨语别的语料库，朝"台湾语言数据库（整合平台）"及"各语别语料库"两个方向分阶段建立，并采用"缺乏资源的语言优先"及"网站""数据库""各语料库"预先衔接的方式来推动。

（三）需以特殊形式保障台湾少数民族语言

对于无人使用的少数民族语言，可以由相关机构投入经费，委托研究单位或学术单位开展"语料保存""无形文化资产保存"等工作；对于仍可使用的平埔语言，则参考少数民族语言的各种"复振"措施来推动。

（福建师范大学　吴姗姗、王进安）

台湾地区"双语政策"演进

  台湾地区"双语政策"值得关注。台湾当局于 2018 年通过所谓的《"国家"语言发展法》，同年提出所谓的"2030 双语政策发展蓝图"；2021 年 9 月通过所谓的《双语"国家"发展中心设置条例草案》，同月"双语教育新制"开始在公办院校实施。该政策在公布实施过程中引发许多争议，说明这项政策反映的不仅是语言问题，还反映了台湾人民所面对的政治、经济、社会与历史问题的不同立场。

  台湾地区"双语政策"的实施，基本延续了其英语教育政策的进程。透过英语教育政策的变革，可发现台湾地区英语地位逐渐上升的过程。1945 年至 1968 年间，台湾地区延续民国时期的英语教育政策，初中英语选修、高中英语必修，并在台湾大学设置"英语训练中心"。1968 年至 2002 年间，台湾地区的英语教育政策进入九年义务教育，中学英语为必修，1999 年起提前至小学五、六年级实施。2002 年至 2022 年间，英语教育政策因为台湾地区领导人与其政党属性而产生比较大的变动与影响，包含设置英语村、鼓励英语为高校毕业门槛、公共标示双语化、引进外籍教师、英语延伸至小学三年级等措施及"英语为官方语言"的施政主张。本文即根据台湾地区领导人更迭与时局变化，按时间顺序阐述台湾地区"双语政策"的发展脉络与实施情况。

一　陈水扁时期（2000—2008）

  陈水扁在担任台湾地区领导人期间推动的"双语政策"，主要是"营造英语生活环境建设计划"（2002—2007）。

  2002 年，陈水扁公开表示应将英语列为"准官方语"。同年，台湾地区行政管理机构出台"挑战 2008：发展重点计划"，将"E 世代人才培育计划"列为首要计划，包含英语、网络、活力及终身学习四大重点，声称 6 年内将英语提升为"官方语言"。影响所及，台湾新闻媒体纷纷报道台湾民众英语能力低落，台湾地区高校开始设立大学英语测试作为毕业门槛。

"营造英语生活环境建设计划"作为"E世代人才培育计划"重点项目之一，内容为：推动标示英语化与网站双语化，制定"营造英语生活环境行动方案""推广全民英语能力学习方案"，以"营造国际化生活环境，提升全民英语能力""六年内观光客倍增，来台人数突破500万人"，具体包含"六年目标"与"十年展望"。"六年目标"的要点为：六年内将全台所有公共标示功能提升，文字改为中英文对照；机关组织及网站双语化，并提供多语服务。"十年展望"的要点为：营造亲善的国际化环境设施；提供多语化生活服务，吸引外籍人士来台观光、工作与居住等。

"营造英语生活环境建设计划"的具体措施包含：修订商品标示法、道路交通标志标线号志设置规则等法规与中文译音使用原则等9种规范；各级机关设置约59万面双语标示、双语出版品9416种、网站英语功能项目7268项；设置外国人在台生活咨询服务入口网及全年无休中英文服务专线；简化外籍人士居留与工作作业流程，松绑法规改善外籍人士在台生活；设置营造英语生活环境网站、编制工作手册、办理满意度调查；订颁与实施"优质英语生活环境评核奖励要点""优质英语环境标章"。

陈水扁推动的"双语政策"引发的争议比较小。究其原因，应与当时的拼音系统争议有关。2002年台湾教育事务主管部门出台《中文译音使用原则》，引发社会舆情及地方政府反弹，导致大多数的语言争议落在汉语拼音与通用拼音的选择上，台湾教育事务主管部门负责人曾志朗也因此遭到撤换。事实上，陈水扁推动的"双语政策"与拼音系统具有政治一致性，皆典型反映出民进党的分离主义。2018年蔡英文推动所谓的"2030双语政策发展蓝图"在规划项目上与陈水扁"挑战2008：发展重点计划"几乎雷同，也表现出同样逻辑。

二　马英九时期（2008—2016）

国民党籍的马英九在担任台湾地区领导人期间推动的"双语政策"，主要包含"营造国际生活环境建设计划"（2008—2009）、"提升英语力建设计划"（2010—2012）。

2008年，台湾地区行政管理机构为扩散"营造英语生活环境建设计划"的政策效益，再出台"营造国际生活环境建设计划"，采取4项实施策略、12项具体措施。"营造国际生活环境建设计划"的具体措施包含：规划外籍人士投资及就业措施的简化与松绑；推动全方位的网络服务（G2F），采取外籍人士礼遇措施；加强外籍人士生活服务，设置机关服务专柜；编制双语版生活指南；制定"英语服务标章"；投资国际人才，在新竹及台南设置"外国人协助中心"；举办"全球在地化与地方国际竞争力国际研讨会"。

2010年，台湾地区行政管理机构为因应所谓的国际金融海啸与行政区划变革，出台"提升英语力建设计划"，采取5项实施策略、35项具体措施。"提升英语力建设计划"的具体措施包含：培养英语力专业人才，培育地方产业国际化人才1321人；外语替代役培训286人。建设英语情境学用场域，8个机关组织参与实施，体验达6494人次。运用英语力提升城市国际竞争力，制定"道路双语标示建置计划作业原则"，计19个县市更换道路标示牌，更新14 124条道路的双语标示。运用英语增进国际服务品质，制定"英语服务标章认证规范"，辅导认证企业3952家。

马英九推动的"双语政策"引发的争议比较小。究其原因，一是国民党语言政策带有民国时期"国语""国字"的民族国家认同感，以至于"双语政策"的拟定也不会损害维持汉语相对于其他语种的优先性，这点实际上符合台湾民众普遍的语言使用习惯与文化习惯。换言之，国民党的"双语政策"对台湾民众日常生活造成的影响相对较小，不容易引发反弹。二是马英九推动的"双语政策"，其政治意图与"一中各表"的逻辑类似，即通过"双语政策"维系两岸的竞合关系。

2011年台湾教育事务主管部门成立"华语文教育推动指导会"，2012年出台所谓的"迈向华语文教育产业输出八年计划"（2013—2020），可视为马英九"双语政策"的配套措施，也是"提升英语力建设计划"的延伸计划。"迈向华语文教育产业输出八年计划"包含五大目标：（1）强化组织网络，建构华语文永续发展基础；（2）促进专业化及差异化，提升华语文教育品质；（3）推动海外华语文国际交流，提升华语文学习人口；（4）发展高等教育产业，建构完备的华语文学习网络；（5）建立官学产研合作机制，建构完备的华语文合作网络。

三　蔡英文时期（2016—2024）

蔡英文在担任台湾地区领导人期间推动所谓的"双语政策"，主要包含"前瞻基础建设"（2017—2025）、"2030双语政策发展蓝图"（2018）、《2030双语政策整体推动方案》（2021）。

蔡英文的"双语政策"，有陈水扁的"营造英语生活环境建设计划"与台湾地区行政管理机构负责人赖清德的实施经验作为基础。2014年，民进党党籍的赖清德在担任台南市市长期间制定《台南市政府推动英语为第二"官方语言"专案办公室设置要点》，以"营造英语环境""全提升英语能力"为主轴，计划10年内将英语作为台南市第二"官方语言"，打造台南市为"双语城市"。

在陈水扁与赖清德推动的"双语政策"基础上，2017年台湾地区领导人蔡英文任命赖清德为台湾地区行政管理机构负责人，并公布实施《前瞻基础建设特别条例》，编列8年计划，包含八大建设：轨道建设、水环境建设、绿能建设、数位建设、城乡建设、育儿空间建设、食品安全建设、人才培育建设。而在"前瞻基础建设——人才培育促进就业建设"里，"2030双语政策"列为建设主轴之一，目标包含：设立"双语标杆"学院，中等以下学校"双语教学"；培养"双语教学师资"，推动教师证书加注"双语教学专长"；运用酷英语（Cool English）平台办理学生听说检测；鼓励民众参与英语学习。

2018年，台湾地区行政管理机构制定所谓的《"国家"语言发展法》，并根据台湾教育事务主管部门的《推动英语成为"官方语言"政策报告》，出台"2030双语政策发展蓝图"。

"2030双语政策发展蓝图"以"厚植居民英语力""提升国际竞争力"为目标，包含4个理念：从需求端全面强化英语力；以数位科技缩短城乡资源落差；兼顾"双语政策"及母语文化发展；打造年轻世代的人才竞逐优势。"2030双语政策发展蓝图"采取3项实施策略、26项具体措施。3项实施策略与部分措施包含：建置整合式英语学习与英译资源平台；机关组织全面双语化，涵盖机关组织官网、与外国人相关文书、公共服务柜台与专线、政府公开资讯、技工技能检验考试及证照等方面；全面启动教育体系、电视广播、观光环境、产业园区、医疗机构、金融机构、社福机构等方面的双语化。

2021年，台湾地区行政管理机构出台《2030双语政策整体推动方案》，针对公务体系与教育体系强化"双语政策"的推动力度，提出两大愿景："培育台湾人才接轨国际""呼应国际企业来台深耕，台湾产业连结全球"。具体措施包含：高等教育双语化；完善中等以下教育双语化条件；数位学习；扩充英检量能；提升公务人员英语力；成立行政法人专责推动。

蔡英文推动的"2030双语政策发展蓝图"引发的争议比较大。2018年3月至

5 月间，台湾地区语言学相关学会"台湾语言学学会""台湾语文学会"在台北、台南、台东联合举办座谈会，批判蔡英文的"双语政策"。

四　结语

台湾地区"双语政策"目前存在比较大的争议，主要原因在于语言政策间的矛盾与冲突、政治意图凌驾于人民的实际效益。

其一，台湾地区"双语政策"与所谓《"国家"语言发展法》等语言政策之间存在矛盾与冲突。"双语政策"的推动，就是想通过抬高英语的地位并挤压到其他语种，这使得"双语政策"与所谓《"国家"语言发展法》存在明显矛盾。双语政策与台湾当局 2017 年出台的所谓《少数民族语言发展法》、2018 年修正的所谓《客家基本法》也存在类似冲突。

其二，台湾地区"双语政策"公布推行后，标举的两大目标"厚植居民英语力"和"提升国际竞争力"引起广泛讨论，讨论内容主要包含的"居民英语能力"与"国际竞争力"无必然逻辑关系。台湾地区不像新加坡、中国香港等地具有殖民经历，双语环境也不是几年内能够达成，"2030 双语政策"将沦为政治口号。台湾地区不是以英语为母语，外籍教师引进与台籍教师培养不易，推动英语为"官方语言"的必要性与难度需再评估。过度抬高英语地位会导致社会阶层进一步分化，会对台湾人民造成持久性伤害。

（厦门大学嘉庚学院　张期达）

作为移民型态多语社会的台湾字音特色

在历史的不同时期，一批批的移民来到台湾，带来了各种各样的口音，于是，台湾变成了南腔北调的一个多元社会。

一　汉民族共同语的推广历程

汉民族共同语在台湾沿袭了民国初年的名称，称为"国语"。古代共同语的使用，通常分布在 3 个社会阶级当中，一是公职人员，一是知识分子，一是商业贸易圈。而农民通常只使用方言。早期因建置来到台湾的，不是农民，而是公职人员和知识分子，他们带来了早期的雅言官话。农民大量移居台湾，进行开垦，是在明代末年，那个时候主要带来的是闽南话。

中国古代书院制度通行。书院所到达之地，就标志了当时官话雅言通行的区域。台湾在清代已经普遍使用官话。当时台湾的公务机构以及书院体系所使用的都是官话。例如郑成功、刘铭传处理公务，用的是官话。各地的书院培育了无数人才，他们在书院中切磋论学，用的也是官话。郑芝龙庞大的商船队，来往于整个东亚地区，与东北亚、东南亚各地的华人圈贸易通商，包括了各种说闽方言、客家话、粤方言的海外移民，彼此之间沟通用的也是官话。

康熙二十二年（1683 年），在台南开办了第一所书院"西定坊书院"；四十三年（1704 年）又出现规模完善的"崇文书院"。

雍正七年（1729 年），台湾先已设立 3 所正音书院于台湾、凤山、诸罗三县。清代 200 多年间，全台设立书院 60 所。就设立年代而言，以康熙、乾隆、道光、光绪诸朝为盛。就地域分布而言，早期虽以南部为多，晚期则以中、北部为盛，此与政治及经济中心北移有关。这些台湾的书院，正是知识分子读书论学之所。到光绪年间，台湾共创办了 44 所规模不等的书院。

台湾北部第一座最高学府，称为明志书院。这座书院的历史沿革，可以追溯到 18 世纪初期大陆福建、广东两省的农民大量移入台北淡水流域开垦，传统文化随之影响本地。胡焯猷在乾隆年间到新庄平原拓垦，与林作哲、胡习隆三人合组了胡林隆垦号，开垦的土地分布在今回龙、丹凤，经过泰山、新庄，一直至五股。乾隆二十八年（1763 年），他把半生辛苦的产业捐献并设立"义学"，取名"明志"，取义读书人志在圣贤。校址就在淡水厅兴直堡山脚（即今之泰山），成为台湾北部第一所最高学府。台湾早期书院的设置如表1。

表1　台湾早期书院一览表

序号	书院名称	设置点	今之地名	年代	沿革
1	西定坊书院	台湾府治	台南	康熙二十二年（1683 年）	靖海侯施琅建
2	镇北坊书院	台湾府治	台南	康熙二十九年（1690 年）	郡守蒋毓英建
3	弥陀室书院	台湾府治	台南	康熙三十一年（1692 年）	台令王兆升建
4	竹溪书院	台湾府治	台南	康熙三十二年（1693 年）	郡守吴国柱建
5	镇北坊书院	台湾府治	台南	康熙三十四年（1695 年）	道宪高拱乾建
6	西定坊书院	台湾府治	台南	康熙二十二年（1683 年）	道宪常光裕建
7	西定坊书院	台湾府治	台南	康熙二十二年（1683 年）	道宪王之麟建
8	安东坊书院	台湾府治	台南	康熙二十二年（1683 年）	将军吴英建
9	西定坊书院	台湾府治	台南	康熙二十二年（1683 年）	道宪王敏政建

那么早期汉民族共同语的标准语在台湾发展如何？根据日本人的记录，从明末各地商人的云集，到清代的建置，担任公务者、知识分子，都讲官话。即使日据时代，仍未完全消失。日本学者国府种武曾记载据台初期，日人欲与本岛人说话沟通，须先找寻懂得官话的日人，和能说官话的台人沟通（张振兴，1988）[①]，说明了当时台湾的官话仍然普遍通行。台湾移民的历史以及多语现象的来源与变迁见图1。

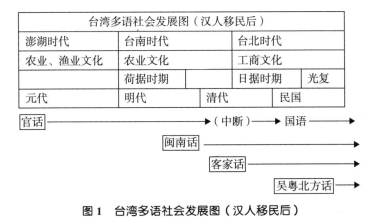

图1　台湾多语社会发展图（汉人移民后）

① 参见张振兴《台湾社会语言学史五十年评述》,《语言教学与研究》, 1988 年第 2 期。

二 台湾社会当前字音特色

20 世纪 80 年代末期，两岸恢复了交流。来往渐多，语言的融合也不断地在进行。这反映了两岸共同使用的汉民族共同语的一个动态变化，也提供了语言学上一个活的样本，让我们看到由于人为的阻隔，一种语言如何各自产生了特色，又由于恢复交流来往，这种语言又如何互相吸收交融。这种语言动态的研究，在语言学上具有很高的价值，和静态地描写一种语言的系统与面貌是截然不同的切入点。两岸使用的是相同的汉民族共同语，虽然有"国语"和普通话的名称上的差异，但是在性质上、来源上，是一样的、相同的语言。

在词汇方面，两岸开放之初，就已经有很多学者注意到其中的异同，并做了大量的分析和研究，取得了很好的成果。相对来说，在语音方面的讨论，比较缺乏。我们可以在这方面做一个补充说明。

语音的发展是很有规律的，而这种规律的作用又受到一定的时间、地域、条件的限制，使同一个要素在不同的地区表现出不同的发展速度、不同的发展方向。语言中的差异是语言史研究的基础。没有差异就不会有比较，没有比较也就看不出语言的发展。

对比大陆《现代汉语词典》和台湾《新编"国语"辞典》的注音，我们可以发现两岸语音差异常常表现为声调的不同。通过与中古《广韵》的对照，我们可以将两岸声调的差异进行规律性的描写。例如中古清声母的入声字在现代念成第几声几乎毫无规律可言，从而造成两岸读音差别。例如"头发"的"发"字，《广韵》注为"方伐切"，大陆普通话读为去声，台湾则为上声。又如"昔日"的"昔"字，《广韵》注为"思积切"，大陆普通话读为阴平，台湾读为阳平。再如"常识"的"识"，《广韵》注为"赏职切"，台湾读为去声，大陆普通话则为阳平。"气质"的"质"字，《广韵》注为"之日切"，台湾变为阳平，大陆普通话则为去声。又如全浊声母入声字的归属，现代读音大部分变为阳平。在《中原音韵》时期这一规律就很强地体现了出来，发展至现代阶段仍基本一致。然而大陆普通话读音却常有例外。例如"突然"的"突"，《广韵》注为"陀骨切"，《中原音韵》归阳平是合乎规律的，台湾继承了阳平读音，而大陆普通话却变为阴平。又如"建筑"的"筑"，《广韵》注为"直六切"，台湾归入阳平，而大陆普通话读为去声。再如中古平声发展到现代，分化成阴平和阳平两类。分化的条件有比较严整的规律。然而大陆普通话里却存在一些例外情况，从而造成与台湾读音的差异。例如："微笑"的"微"，《广韵》"无非切"，按照规律应变阳平。台湾读音为阳平，大陆普通话则变为阴平。又如"危险"的"危"，《广韵》注为"鱼为切"，按照规律应变为阳平。台湾读音为阳平，大陆普通话则变为阴平。再如"学期"的"期"，《广韵》注为"渠之切"，按照规律应变为阳平。台湾读为阳平，大陆普通话则为阴平。"帆船"的"帆"，《广韵》注为"符咸切"，按照规律应变为阳平。台湾读为阳平，大陆普通话则为阴平。从这些例子可以看出，台湾"普通话"的读音比较严格地遵守了平分阴阳的规律，而大陆普通话则出现了一些把应为阳平读音的字归入阴平的例外，从而形成两岸语音的差异。如果把这种语音现象的差异做一个分类，大致有下面 4 种差异状况。

（一）两岸语音声母的不同

下面我们表达的先后顺序，是前面注台湾读音，后面为大陆读音。然后接着是广韵反切，举平以赅上去。现代的声调用数字表示。

具有台湾地区性特色的读音包括：

1. 在声母上有的是送气与不送气的区别。例如：

堤 ti2 di1 齐 / 支都礼 / 都奚 / 是支

2. 塞擦音与擦音的区别。例如：

酵 xiao4 jiao4 肴古孝

赐 si4 ci4 支斯义

3. 零声母与非零声母的区别。例如：

淆 yao2 xiao2 肴胡茅

4. 鼻音与非鼻音的区别。例如：

蹒 man2 pan2 桓薄官

5. 舌尖前音与卷舌音的区别。例如：

颤 chan4 zhan4 仙之膳

骤 zou4 zhou4 尤锄佑

（二）两岸语音韵母的不同

1. 介音不同。例如：

怯 que4 qie4 业去劫

血 xie3 xue4 屑呼决

2. 也有一些字是主要元音不同。例如：

垃 le4 la1 合郎合

噶 ge2 ga2 曷古渴

蛰 zhi2 zhe2 缉直立

3. 鼻音韵尾不同。例如：

聘 ping4 pin4 清匹正

4. 韵母复元音不同。例如：

瑂 mei4 mao4 沃／灰／豪莫沃／莫佩／莫报

艘 sao1 sou1 豪／萧苏遭／苏雕

挟 jia2 xie2 合／帖作答／胡颊

5. 韵母单元音与复元音不同。例如：

携 xi1 xie2 齐户圭

熟 shou2 shu2 屋殊六

崖 yai2 ya2 支／佳鱼羁／五佳

（三）两岸语音声母、韵母都不同

暴露 pu4 bao4 薄报切（号韵）蒲木切（屋韵）

括号 gua1 kuo4 古活切（末韵）无去声一读

蜗牛 gua1 wo1 古蛙切（佳韵）古华切（麻韵）

（四）两岸字音声调不同

声调是汉字音组合的重要部分，其中的地区性差异比较明显。

1. 阴平与阳平不同。例如：

佻 tiao2 tiao1 萧吐雕／徒聊

穹 qiong1 qiong2 东去宫

雌 ci1 ci2 支此移

绥 sui1 sui2 脂息遗

藩 fan2 fan1 元甫烦／附袁

帆 fan2 fan1 凡扶泛／符咸

涛 tao2 tao1 豪徒刀

拈 nian2 nian1 添奴兼

期 qi2 qi1 之居之 / 渠之

戕 qiang2 qiang1 唐 / 阳 / 歌则郎 / 在良 / 古俄

椰 ye2 ye1 麻以遮

微 wei2 wei1 微无非

薇 wei2 wei1 脂 / 微武悲 / 无非

巍 wei2 wei1 微语韦

危 wei2 wei1 支鱼为

掇 duo2 duo1 末 / 薛丁括 / 陟劣

击 ji2 ji1 锡古历

夹 jia2 jia1 洽古洽

疖 jie2 jie1 屑子结

鞠 ju2 ju1 屋居六 / 驱菊 / 渠竹

昔 xi2 xi1 昔思积

熄 xi2 xi1 职相即

惜 xi2 xi1 昔思积

锡 xi2 xi1 锡先击

拙 zhuo2 zhuo1 薛职悦

叔 shu2 shu1 屋式竹

菽 shu2 shu1 屋式竹

伐 fa1 fa2 月房越 (《"国语"辞典》又音 fa2)

跌 die2 die1 屑徒结

凸 tu2 tu1 屑 / 没徒结 / 陀骨

突 tu2 tu1 没他骨 / 陀骨

淑 shu2 shu1 屋殊六

2. 还有一部分字,表现在阴平与上声的不同。例如:

颇 po3 po1 戈 / 虞普过 / 普火 / 芳武

剖 po3 pou1 侯 / 虞普后 / 芳武

萎 wei1 wei3 支于为 / 于伪

此外还有阴平与去声不同。例如:

剽 piao4 piao1 宵匹妙 / 符宵

吨 dun4 dun1 魂他衮

究 jiu4 jiu1 尤居佑

嵌 qian1 qian4 谈 / 衔才敢 / 口衔

综 zong4 zong1 冬子宋

咄 duo4 duo1 末 / 没丁括 / 当没

夕 xi4 xi1 昔祥易

汐 xi4 xi1 昔祥易

削 xue4 xiao1 药息约

3. 还有一些是阳平与上声不同。例如：

朴 pu2 pu3 屋 / 觉 / 屋 / 模博木 / 匹角 / 蒲木 / 薄胡

酩 ming2 ming3 青莫迥

储 chu2 chu3 鱼直鱼

攘 rang2 rang3 阳人样 / 汝阳 / 如两

此外，也有一些字属于阳平与去声不同。例如：

缚 fu2 fu4 戈 / 药符卧 / 符镢

褐 he2 he4 曷胡葛

寂 ji2 ji4 锡前历

穴 xue4 xue2 屑胡决

识 shi4 shi2 之 / 职吏 / 赏职

4. 上声与去声不同。例如：

发 fa3 fa4 月方伐

蹈 dao4 dao3 豪徒到

档 dang3 dang4 唐都郎 / 丁浪

企 qi4 qi3 支去智 / 丘弭

曙 shu4 shu3 鱼常恕

伪 wei4 wei3 支危睡

紊 wen4 wen3 文亡运

5. 现代汉语声调方面，差异最大的部分，就是入声读法的差异。例如：

功绩 ji1 ji4 则历切（锡韵）

事迹 ji1 ji4 资昔切（昔韵）

行迹 ji1 ji4 资昔切（昔韵）

伐树 fa1 fa2 房越切（月韵）（《"国语"辞典》又音 fa2）

打击 ji2 ji1 古历切（锡韵）

鞠躬 ju2 ju1 居六切（屋韵）驱匊切（屋韵）渠竹切（屋韵）

夕阳 xi2 xi1 祥易切（昔韵）

昔年 xi2 xi1 思积切（昔韵）

惜别 xi2 xi1 思积切（昔韵）

作息 xi2 xi1 相即切（职韵）

叔伯 shu2 shu1 式竹切（屋韵）

寂静 ji2 ji4 前历切（锡韵）

建筑 zhu2 zhu4 张六切（屋韵）

质问 zhi2 zhi4 陟利切（至韵）之日切（质韵）

朴素 pu2 pu3 薄胡切（模韵）博木切（屋韵）蒲木切（屋韵）匹角切（觉韵）

昔日 xi2 xi1 思积切（昔韵）

气质 zhi2 zhi4 陟利切（至韵）之日切（质韵）

拙 zhuo2 zhuo1 职悦切（薛韵）

褐 he2 he4 胡葛切（曷韵）

寂 ji2 ji4 前历切（锡韵）

淑 shu2 shu1 殊六切（屋韵）

凸 tu2 tu1 徒结切（屑韵）陀骨切（没韵）

掷 zhi2 zhi4 直炙切（昔韵）

击 ji2 ji1 古历切（锡韵）

鞠 ju2 ju1 居六切（屋韵）驱匊切（屋韵）渠竹切（屋韵）

叔 shu2 shu1 式竹切（屋韵）

昔 xi2 xi1 思积切（昔韵）

息 xi2 xi1 相即切（职韵）

惜 xi2 xi1 思积切（昔韵）

锡 xi2 xi1 先击切（锡韵）

熄 xi2 xi1 相即切（职韵）

头发 fa3 fa4 方伐切（月韵）

常识 shi4 shi2 赏职切（职韵）职吏切（志韵）

辱没 ru4 ru3 而蜀切（烛韵）

夕阳 xi4 xi1 祥易切（昔韵）

研究 jiu4 jiu1 居佑切（宥韵）

这种差异是可以理解的，因为现代汉语的大部分地区，入声调已经逐渐消失。这些消失的入声念法，在不同的官话方言地区，就并入其他各调，并入哪一个声调，状况并不一致。在汉民族共同语融合的过程中，吸收了各地不同的念法。于是造成了原有的入声字，念法因地区不同而产生分歧的问题。

三　结论

在推行汉民族共同语的过程中，两岸的语音规范出现了一些差异，这是客观现实。随着海峡两岸交流的日益频繁，某些读音上的差异，在语言交际过程中会逐步通过自然选择，最终一致起来。同时，我们也要认识到，消除两岸语音差异，仅仅依靠语言的自然选择显然是不够的，还需要两岸学者之间充分开展学术交流，共商对策。过去，在这方面虽然已产生了一些研究成果，但是还比较零散，学界的重视程度也还不够。今后应该进一步整合力量，在现有的基础之上进行更为系统的研究。

（台湾政治大学　竺家宁）

图书在版编目（CIP）数据

闽台语言生活状况报告.2024 / 福建省语言文字工
作委员会组编；苏新春主编.--北京：商务印书馆，
2025.--（语言生活皮书）.--ISBN 978-7-100-24797
-9

Ⅰ.H0-05

中国国家版本馆CIP数据核字第2024WM6426号

闽台语言生活状况报告（2024）

MINTAI YUYAN SHENGHUO ZHUANGKUANG BAOGAO（2024）

福建省语言文字工作委员会　组编

商　务　印　书　馆　出　版
（北京王府井大街36号　邮政编码100710）
商　务　印　书　馆　发　行
北京中科印刷有限公司印刷
ISBN 978-7-100-24797-9

2025年4月第1版　　　　开本787×1092　1/16
2025年4月北京第1次印刷　印张13½
定价：68.00元